北縁怪談 札幌魔界編

匠平

竹書房
怪談
文庫

目次

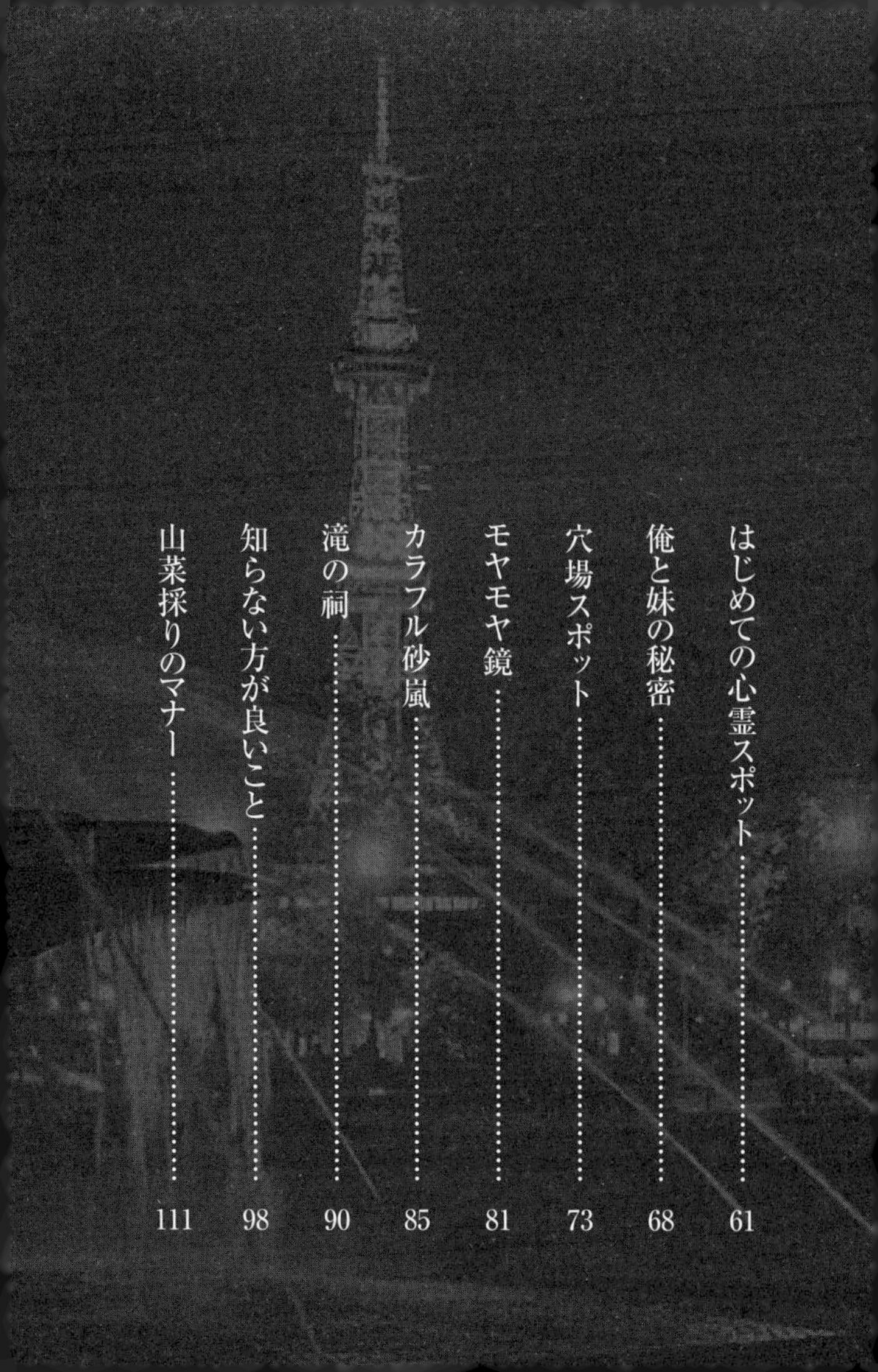

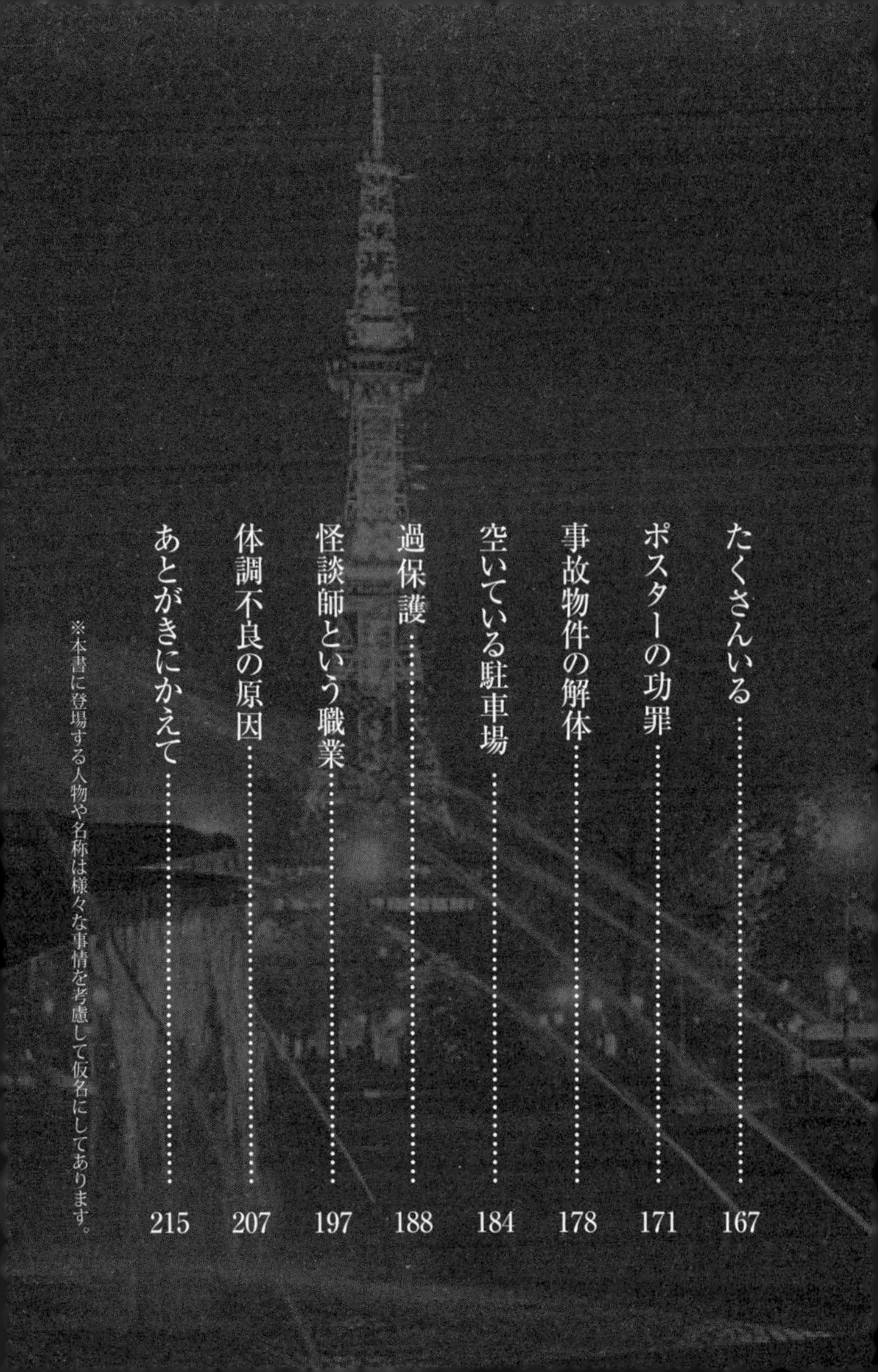

※本書に登場する人物や名称は様々な事情を考慮して仮名にしてあります。

ススキノラフィラの前で

北海道最大の歓楽街、札幌・すすきの。

この場所を象徴するものが、すすきの交差点に二つある。

一つは「ニッカウヰスキー」のひげのおじさんの看板。

もう一つは「ススキノラフィラ」というデパートだ。

一九七四年（昭和四十九年）に「札幌松坂屋」として開店し、その後「ヨークマツザカヤ」と改称。一九九四年（平成六年）には「ロビンソン百貨店」に改称し、二〇〇九年（平成二十一年）に「ススキノラフィラ」に改称。

そして二〇二〇年（令和二年）、ついに閉店し、建物も解体されてしまったが、新たなラウンドマークとして大型商業施設の建設が進められている。

そしてラフィラは、すすきのの象徴であったとともに、札幌では有名な心霊スポットでもあった。当時の状況を書いてみよう。

ラフィラにはメインとなるエレベーターが四基ある。

そのすべてが外からガラス張りで内部が見える状態になっているのだが、向かって一番左のエレベーターは、乗ることができないようになっている。

どういうことかと言うと、建物内の一番左のエレベーターの扉があるべき場所が塞《ふさ》がれて、壁になっているのである。すべての階において同じ状態である。

つまり、メインエレベーターが四基あるのが外から確認できるのに、そのうちの一基は使用できない（存在しない）ことになっているのだ。

なぜこんなことになってしまったのか、件《くだん》のエレベーターについて諸説ある。

・ヨークマツザカヤ時代から施設内でずっと心霊現象が続いていて、その中でも一番左のエレベーター内で最も現象が起こると噂されていたので、その使用を中止した。

・ボタンを押していないのに六階と七階で頻繁にエレベーターが停まり、点検をしても故障している箇所を見つけることができず、事故が起きては困るということで使用を中止した。

・件のエレベーター内で髪の長い女の霊を見たという話が頻発し、噂になったため使用を中止した。

他にもまだまだ噂はあるようだが、真相は謎のままである。

そんなすすきのの象徴だったススキノラフィラの話を、金谷さんという男性から聞かせていただいた。

現在二十八歳の金谷さんは北海道八雲《やくも》町出身。高校卒業後に専門学校への入学をきっかけに札幌に出てきた。

地元を離れ、東京とまでは言わないが都会である札幌に出てきて、これからはしばらくは右も左もわからないような生活に苦労することになるのだろうなと、金谷さんは覚悟をしていた。

しかし、その予想は外れ、学校もアルバイトもすべてが楽しくて、あっという間に金谷さんは札幌での生活に馴染《なじ》むことができた。

そして二十歳になる頃、金谷さんに札幌初の彼女ができる。

彼女は金谷さんと同い年で、高校を卒業後すぐに就職したのだが、その勤務先がススキノラフィラの中に入っていたのだ。

彼女の仕事は大体夜の十時頃に終わる。

その日はデートの約束をしていたので、その時間に合わせて金谷さんは「いつもの場所」で待っていた。

「いつもの場所」とはススキノラフィラ前のことである。

ススキノラフィラの前は国道三十六号線で、歩道にはバス停がある。

このバス停の近くにラフィラ内で働く人が使用する専用の玄関口があり、金谷さんその扉の近く、国道の方に体を向けて、彼女を待つのである。

歓楽街の大きな交差点近くは、常にたくさんの人たちが行き交っている。

仕事が終わった人、これから飲みに行く人、ナンパしている人、客引きの黒服、そんな黒服に捕まりに行く人、警察官などなど。

札幌に来てすぐの頃は、街を歩いている人を見ているだけで楽しかったが、今はもう慣れてしまった。

耳にイヤホンを突っ込み音楽を聴きながら、スマホでゲームをして時間を潰《つぶ》す。

十時になると、金谷さんは彼女にメールを送った。

「仕事お疲れ様！　いつもの場所にいるよ！　のんびり待ってるから、ゆっくり支度しなよ！」

メールが送信できたことを確認してから、金谷さんは再びゲームを始めた。

数分後、壁に背をもたれかけている金谷さんの左側に、ふいに誰かが近づいてくる気配がした。

彼女かな？　と思って目を上げかけたが、視界の端に映る人影は大柄で、どうやら男性のようだ。

（この人も待ち合わせかな？）

人通りも待ち合わせも多い場所だ。深く考えず、意識を再びスマホに向ける。

だが、すぐに左側にいる男性が気になった。立っている場所が自分と距離が近すぎる。

人はそれぞれにパーソナルスペースというものを持っていると思う。金谷さんの場合は大体半径一メートルくらいだという。あまり人見知りもしない性格のため、付き合いが浅い人がグッと踏み込んできても、そんなに不快に感じることはない。

しかし今、自分の隣に立っている男性はやはり距離が近すぎるのだ。

気付けば、多分三十センチも離れていない場所にいる。でも、距離が近いだけで特に何かをしてくるような気配もない。

（必要以上に気にすることもないか……）

顔を上げて相手を見るのもはばかられ、待ち合わせをしている人も多い場所なのだからと自分に言い聞かせて金谷さんはゲームを続けるが、どうにも気になる。

（隣の人、だいぶ背が高いな。この距離だから横目で見られないけど、気配的に俺より頭ひとつはでかいかもしれない）

身長が一七八センチある金谷さんは、自分よりだいぶ背が高いというような人に会う機会はあまりない。

隣の男性を気にしないようにしようと考えていたが距離も近いし、自分より背が高い気配にも慣れず、ついつい男性のことを意識してしまう。

すると、隣の男性がさらに自分に近づいてくる気配を感じた。

感覚で言うなら、大人が子供の目線に合わせるために姿勢を屈めるような――。

自分の顔の左上すぐに、男性の顔があるのがわかる。

（なんだ一体——）

若干強張《こわば》った体で、男性の側に背を向けようとしたその時。


「お前……気持ち悪いなぁ……」


しゃがれた声質だった。決して大きくはなく、どちらかといえば囁《ささや》くような声量だったがハッキリと聞こえた。

ゆっくりと声がした方に顔を向けてみると、隣にいたと思われる男性はすでに金谷さんに背中を向け、すすきの駅の方に歩いて行った。

黒っぽい背広を着た、身長二メートルはあるんじゃないかという、やけに背の高い痩《や》せ型のシルエット。

（あの人なんなの？　やっぱりすすきのは怖い人もいるな）

男性がいなくなったことで少しずつ冷静になってきた金谷さんは、今の出来事を面白おかしく彼女に伝えようと頭の中で振り返っていた。

そしてあることに気が付いた。

(俺、イヤホンつけてて、しかも爆音で音楽を流していたのに――なんであんなにハッキリと男の声が聞こえたんだ?)

すぐに男性の歩いて行った方に再び目線をやるが、すでに大きな黒いシルエットはどこにもなかったそうだ。


過去に僕はラフィラ付近の話で、金谷さんの体験談に限りなく近い話を聞いたことがある。

あの周辺には背広姿のナニかがいるようなのだが、それはまた別の話だ。

この音がする理由

二十代後半の男性。長谷川さんの体験談だ。

「現在は札幌駅周辺に住んでいるのですが、その前は豊平区《とよひら》にあるマンションに住んでいたんです」

長谷川さんが当時住んでいたマンションは十四階建てで、各階十四部屋ほどある大きなマンションだ。

「このマンションに六年間住んでいたんですけど、暮らし始めて三年経過したくらいから退去日が決まるまでの間、遊びに来る友達ほぼ全員から早く引っ越せって言われ続けた部屋だったんです」

札幌市豊平区にあり、駅も徒歩数分圏内でスーパーや八百屋も徒歩数分圏内。家賃も相場より少しだけ安い。文句なんて出ないような完璧な物件。

「しかも、俺が住んでいたのは七階の七〇一号室で角部屋だったんですよ！　でも、みんなから引っ越せって言われる原因はわかっていたんです」

友人たちがしつこいくらいに長谷川さんに引っ越しを勧めてくる理由。それは原因不明の音だ。

暮らし始めて三年ちょっと経過したある日から、お隣さんが夜中にＤＩＹを始めるようになったのか、それとも壁際に何かを設置したのか――。

トントンッ　トントンッ

断続的ではあるが一定のリズムを保って、壁を叩かれるような音がするようになった。

「この音、めちゃくちゃうるさいかって言われると、そうでもないんです」

しかし初めて音を聞いた日を境に、毎日深夜の一時過ぎになると壁を叩くような音がするようになった。

「でも、俺って神経質な性格ではないので、今日も鳴ってるなぁくらいにしか思っていなくて。ストレスにはならなかったんです」

そんな状態が続いて一年以上経ったある日のことだ。

「マンションによっては、入居者がいる部屋なのかいない部屋なのか、わかるじゃないですか。俺の当時住んでいたマンションは、入居者がいない部屋の扉の上に南京錠みたいな鍵が付いていたんです」

仕事が終わってマンションに帰ってきた長谷川さんが、自分の部屋の鍵を開ける際に何気なくお隣さんの玄関の扉を見上げてみると、扉の上に南京錠が付いていた。

「あれ？　いつの間に空き部屋になったの？　って思ったんです」

だが、昨日も一昨日もその前も、連日同じような時間に壁を叩く音は聞こえていた。

しかも隣がいないことに気が付いた日からも、今までと変わらずに同じような時間に壁を叩く音は聞こえてくる。

「ここで俺、自分の考えを改めました。この音って、お隣からの音じゃなくて別のところからしているんだって」

そうなれば、いてもたってもいられない。長谷川さんは音の出所を探しながら部屋を歩く。

「そしたら、すぐにわかったんです」

音は隣の部屋と反対側——つまり、隣に部屋がない方の壁から鳴っていたのだ。

そちらの壁には窓があり、カーテンを掛けてはいるが開ければ外が見える。

「これってもしかして、このカーテンの後ろにある窓ガラスを叩かれているんじゃないかって思ったんです」

トントンッ　トントンッ

カーテンが閉められた窓の前に立ちすくむ長谷川さんの目の前で、音が鳴り続ける。

「匠平さんなら開けますよね？　でも、俺は怖くて開けられなかったんです」

もともと音のことはそんなに気にしておらず、わざわざ知りたくない真実に触れる必要もないと考えた長谷川さんは、暗くなれば窓のカーテンを閉め、音が聞こえてもカーテンを開けないと決めて、その後も生活を続けた。

しかし、友達が遊びに来た時はそうはいかない。

次の日の仕事が休みの夜。

月に一回程度だが、友達数人が家に遊びに来て、朝方に帰っていく。

「とうとう友達にも気付かれたんです。トントンと聞こえた時に『この音何？』って」

長谷川さんは友達に嘘をついても仕方ないと思い、素直に伝えた。


この音、窓の方からするんだよね。


友達たちの表情が固くなる。

「え？　どうゆうこと？」

「どうゆうことっていうかそのままだよ」

「いや、だから、窓の方からするってありえないだろ？」

「うん。俺もそう思う。でも、実際そうなんだもん。窓を叩かれているのか、それとも窓に何かぶつかっているのかわからないけど、深夜一時を過ぎると窓から音がするんだ」

この言葉に友達たちはカーテンを開けた方が良いのではと提案した。

「でも、結局開けませんでした。だって、開けて怖いのが見えたら、もうそこに住めなくなりますもん」

それからも、なんだかんだ言いながらも友達たちは月に一回程度は長谷川さんの家に泊まりにきて、あの音を聞くたびに「引っ越した方が良い」と言い続けたそうだ。

そして、仕事の関係で引っ越しを決意したある日。

カーテンを開ける勇気はないが、自分が住んでいるマンションはいわゆる事故物件というものではないかと思い、事故物件公示サイト「大島てる」で調べてみた。

「がっつり載っていましたよ。駐車場に向かって飛び降り自殺。しかも、その飛び降り自殺があった日を見たら、俺が音を聞くようになったあたりだったんです」

なぜ自分が住んでいるマンションで自殺があったにもかかわらず、長谷川さんが気付かなかったか。それは、この自殺があった時に、ちょうど仕事の関係で長谷川さんは一ヶ月間自宅を離れていたのだ。

「俺、毎回うちに泊まりに来るたびに『音が怖いから早く引っ越せ』って言ってくる友達にすぐに電話して、自殺があったマンションだったことを教えたんです」

大きなリアクションが返ってくると想像していたが、友達は「うん、うん」と冷静に話を聞いていた。

そして、ひと通り話を聞き終わった友達が話し出す。

「やっぱりそんなことだと思ったよ。でも、言えなかったんだ。だって、お前は音にしか気が付いてないんだもんな」

友達たちにはカーテン越しに、窓をノックする何かが見えていたようだ。

それがなんなのかは未だに誰も教えてくれないという。

「あっ、蛇足ですけど、叩かれる窓の下にはちょうど駐車場があるんです」

それ怖くないやつ

吉村さんは二十六歳の男性だ。彼の母親の家系の女性は、先祖代々必ず霊感を持って産まれてくるのだそうだ。吉村さんは男性のため、たぶん霊感はないという。

だが中学生の時に、一度だけ不思議なものを見たことがあるという。

この話は、吉村さん本人から取材をしている体《てい》で読んでいただきたい。


僕の実家は白石区にある一軒家なんです。

その日は次の週からテスト期間が始まる関係で部活は休みで、いつもより早く家に帰ってきました。

自分の部屋で部屋着に着替えて、本来ならテスト勉強しないといけないところなんですが、もともと勉強嫌いだし、ベッドで横になりながら漫画を読んでいたんです。

母親には事前に部活がないことを伝えていたからか「今日はいつもより早くご飯食べるよね?」と言われて「うん。早く食べられるなら嬉しい」と答えたら、いつもより一時間近く早く晩御飯にしてくれました。そして、晩御飯を食べ終わった後はリビングのソファーに横になって、ダラダラとバラエティ番組を見ていたんです。

当然、母親から「テスト前くらいはちゃんと勉強しなさい」って怒られまして。一時間くらい抵抗してみたのですが、母親からの「お小遣い減らすよ」の一言があったんで諦めて――。でも一秒でも長く、勉強しない時間を作りたかった僕は勉強する前に風呂に入ることにしたんです。気持ちを切り替えるにもちょうど良いかなと思ったんですよ。

シャワーで体を流して、タオルでゴシゴシと体を洗って、湯船にザブーンと浸《つ》かったらまさに極楽です。湯船に浸かって十分くらい経つ頃には、あれだけやりたくなかった勉強も「やってもいいかな」って思えてきたんです。このやる気スイッチが入っている状態を逃してなるものかと思った僕は、急いで頭を洗ってお風呂を飛び出しました。

バスタオルで軽く頭の水気を抑《おさ》えてから、全身を拭《ふ》いていくんです。

ひと通り体を拭き終わった後は、当時ロン毛だったもんですから洗面台の前に移動して、髪の毛を労《いた》わるようにタオルで頭全体を包み込んで、優しく慎重にタオルを押さえつけるようにして乾かしていたんです。これ「タオルドライ」って言うんですけど――それは別にどうでもいいですよね。

それで頭からタオルを取って洗面台の鏡を見たら、自分の背後に何かいるんです。長い髪の毛で顔が見えない、白い浴衣みたいなのを着た、全身ずぶ濡れの女が。

当時、思春期のど真ん中でしたけど、めちゃくちゃ悲鳴を上げながら素っ裸で、母親と父親がテレビを見ているリビングに逃げ込みました。

二人から「何があったの？」って聞かれる中、鏡に髪の長い全身ずぶ濡れの女が立っているのが映ったことを伝えたんです。

そしたら母親が言ったんです。

「あー、それ怖くないやつだから大丈夫だよ。守護霊って言うのかな？　というかあんた、男なのに見えるんだね」

意味がわからないものですから「一体どういうことなのか教えてくれ！」って言ったら、母親が教えてくれたんです。

小さい頃から聞かされていたんですけど、母親の家系はいわゆる霊媒体質の人が生まれる家系で、女の子には百パーセント霊感があるらしいんです。

それで今からもう百年以上前の話みたいなんですけど、母親の先祖で誤って井戸に落ちて亡くなってしまった女性がいるんですよ。

その女性が子孫たちの守護霊として、今までたくさんの血縁者の後ろに立ってきたみたいなんです。

「だから、あんたも二十歳くらいまではその人に護《まも》ってもらえるから」

って母親が言うんです。

しかも当たり前のことのように、

「母さんもあんたくらいの歳の時に一回見たことあるし、お祖母《ばあ》ちゃんもまったく同じの見たことあるって言っていたよ」

なんだとか。普通っていうのか、一般的にこういう話って信じられないじゃないですか？　だけど僕、この話をすぐに信じたんですよ。

だって「じゃあ、もしかしたらあの時に助けられたんじゃないかな」と思える出来事を思い出したからなんです。

小学校二年生の頃のことで、親父と二人で川に釣りに行ったことがあったんです。それまでに何度か連れていってもらっていたので、山と川に少しは慣れてきた頃だったんだけど、川っぺりで水の中を覗《のぞ》こうと足を踏み出した足元が、草が覆《おお》っているだけの所だったのでそのまま水の中に落ちてしまったんです。その川はめちゃくちゃ深くて、しかも前日に雨が降ったかで流れは速いし増水もしていました。

慌てて水の中でもがいている僕に、親父がまったく気がついていなくて、このままだと死んじゃうなと思っていたら、川上から絵に描いたような倒木が流れてきたんですよ！　これにしがみつくしかないって思って倒木の方に泳ごうと思ったんですけど、すでに溺れているし流れも速いから無理なんです。

そうしたら突然、倒木が目の前で方向転換して、僕の方に流れてきたんです。

そして目の前で流れるスピードが落ちて——まさに「掴《つか》まれ！」とばかりの展開だったので、手を伸ばしてそのまま倒木にしがみつきました。

親父が途中で気がついて、倒木にしがみついている僕を助けようとしたんですけど、やはり川の流れが速くてどうにもできない。

僕はどんどんどんどん川下に流されていって、いつの間にか親父の姿も見えなくなってしまいました。「誰でもいいから助けて!」と、川の水を飲んじゃうから声は出せないけれど必死になってお願いしたんです。

そうしたらその直後、砂防ダムに行き着いて引っかかり——奇跡的に助かったんです。

僕が鏡で見たご先祖の女の人は、水の事故で亡くなっていますからね。きっとあの人が助けてくれたんだと、思い出したわけです。

今はもう大人になっちゃったから、守護霊としてはいなくなっちゃったかもしれないけれど、僕が今こうやって元気にしていられるのは、あのご先祖様のお陰なんだと信じていますよ。

道新ホールの女

テレビ北海道主催の怪談ライブイベントに【札幌物ノ怪録】というのがあり、このイベントにありがたいことに関わらせていただいている。

会場になる「道新ホール」は有名な落語家やお笑い芸人も使用するイベントホールだ。

二〇二一年十二月五日に【札幌物ノ怪録】開催。

出演者はオカルトコレクター・田中俊行さん、都市ボーイズ・はやせやすひろさん、女流怪談作家の深津さくらさん。そして、僕。この四人だった。

コロナ感染予防対策などにより、なかなかイベント事業が難しい昨今だが、チケットの販売数は上々だった。

イベント当日はコロナ感染予防対策により、会場の半分のキャパしかお客様を入れることはできなかったのだが、ありがたいことに席はほぼ埋まっていた。

イベントは二部構成になっていて、一部が【山の怪・海の怪】二部が【街の怪・家の怪】とテーマが違う。

一部と二部のどちらも、最初は怪談師が一人でステージに立ち、代わる代わる怪談を披露する。そして、一人語りのコーナーが終わった後には全員で登壇し、フリートーク形式で怪談を披露していく。

素晴らしい演者の皆さんと温かくノリの良いお客様のお陰で【札幌物ノ怪録】は大盛況の中、幕を閉じた。

イベントが終了した数日後。

僕は、スリラーナイトの怪談師をやっている藤田《ふじた》第六感《だいろっかん》と遊んでいた。第ちゃん（僕は彼をこう呼ぶ）は【札幌物ノ怪録】を観に来てくれていたので、自然とその時の話になった。

田中さん、はやせさん、さくらさんの怪談の素晴らしさや面白さ。フリートークが始まってからの演者それぞれのお互いの信頼感に基づくふざけ合いなど、酒を飲みながらイベントのことを振り返り話していた。

するとと、第ちゃんが思い出したかのように話し出した。

「そういえば匠平さん、もしかしたら今、ヤバいかもしれないよ？」

イベントの話の流れからだったため、今後干されるという内容ではないかと警戒する。

「なにがヤバいの？」

「Yさんからなにか聞いてない？」

Yさんとは霊感があるお客様のことで、どこだか忘れてしまったが、お坊さんになるための修行をしているか、もうすでにお坊さんをされている。

「全然聞いてない。ステージ裏でもいろいろ動いてたから、ゆっくりお客さんたちを見送ったり、話す時間は取れなかったのさ」

「あー、そうなんだ。いや、俺も聞いただけで見たわけではないから、わかんないんだけど、Yさんが言ってたのさ」

　Yさんが道新ホールに到着し、ロビーから会場に入るとすでに会場にはたくさんのお客さんが座っていたそうだ。

「それでYさんは少し後ろの方の席で会場全体を見渡して、お客さんの他にも、出入り口付近とかに、イベントスタッフとかが立っているのを見ていたんだって」

そんな中に一人、気になるスタッフを見つけた。

ステージの上手側。ステージ上ではなく、ステージ下の上手側の壁よりに、髪が長くてスーツ姿の女性スタッフがうつむいた状態で立っている。

「正確に言うと、その段階ではYさんは、その女性がスタッフかお客さんか判断はついてなかったんだけど、会場全体が暗転してステージにMCを務める女性アナウンサーが登壇しても、その女性が同じ場所に立っていたから、そこで初めてスタッフさんだって思ったんだって」

イベントが進んでいく中で、その女性スタッフは同じ場所で同じようにうつむいたまま立ち続ける。

「きっと具合が悪い人が出た時とかに対応するためのスタッフさんだったんだろうね」

Yさんはそう思って、特に気に掛けることもなかった。

幸いにもそのスタッフさんが緊急対応するような事態が起こることなく、第一部は終わった。

「第二部が始まるまでに一時間ちょっと時間があったから、お客さんはそれぞれ会場を出て行って近くでお茶飲んだりして、時間を潰してたのさ」

Yさんも同じように、会場にいた顔見知りのお客さんたちと時間を潰して再び会場に戻って来た。

「第二部の入場が始まってさ、Yさんは第一部と同じところに座ってたんだって」

第一部が始まる時と同じように会場全体を見渡すと、先程の髪の長い女性スタッフが同じところにさっきと同じようにうつむき立っていた。

「ここら辺からYさん、もしかしてあの女性って人じゃないのかもなぁって思い始めたみたいなんだ。今までの経験からなのかな？」

そして、会場が暗転し第二部が始まった。

第一部と同様にまずはMCを務める女性アナウンサーが挨拶をし、イベントの全体の流れを説明する。

説明がすべて終わった後には「それでは第二部のトップバッターは札幌市在住の怪談師、匠平さんです！」と言って、舞台袖にはける。

「それで匠平さんが登壇して、語った『ビデオテープ』の怪談。あれってYさんだったり、霊感の強いお客さんたちが、前々から話さないほうがいい怪談だよ、って言ってたじゃん」

第ちゃんから、心当たりしかないことを言われる。

「あれね、やっぱりダメだってさ」

第ちゃんが言い切った。

僕がステージに登壇し、最初に軽い賑《にぎ》やかしをして、『ビデオテープ』を話し始めた瞬間のことだという。

「ずっとうつむいて動かなかった髪の長い女性が、ガバッと顔を上げて、舞台にいる匠平さんのことをジーッと見ているんだって」

そして女性は僕のことを見つめながら、ゆっくりゆっくりステージの前を歩き出す。

本番中にステージに向かって人が歩いていくのはどう考えても不自然である。会場がざわつくんじゃないかとYさんは心配をしたが、誰もリアクションを起こさない。

「その時にYさんは、あれは幽霊だって確信に変わったんだって」

女性は僕のことを見つめたままステージ下まで行き、舞台にいる僕の真正面に立つ。

「そしたら、次はそこから動かないでずっと匠平さんのことを見上げてるんだって」

…け……み……

かすかに声が聞こえる。

「匠平さんの声がホール内に響く中で、その女の声がちょっと聞こえるの」

み……た……み

Yさんからは後ろ姿しか見えないため、口を読むことも不可能――。

「だからYさん、その声が何を言っているのか気になって、意識を集中させて聞いてみたんだよ」

…つ……た…みつ………た……けた…みつ…た…みつけた……見つけた…見つけた見つけた見つけた見つけた見つけた見つけた見つけた見つけた見つけた見つけた……

「匠平さんのことを見上げながら『見つけた』って連呼してたんだってさ」

僕の怪談が終わり、ステージ下手側にはけていくと、女性は頭を動かし僕のことを目で追うような仕草をする。そして、僕と入れ替わりではやせさんが登壇するとフッと、姿を消したそうだ。

「なんかYさん曰く、よっぽどヤバそうな霊だったみたいだから、気をつけた方が良いみたいだよ」

二〇二二年三月六日。ありがたいことに【札幌物ノ怪録二章】が開催された。

この日も第ちゃんや仲の良いお客さん、それにYさんが遊びに来てくれていた。

出演者はとうもろこしの会の吉田悠軌さん、UMA研究家の中沢健さん、怪談師・村上ロックさんと僕の四人。

せっかくの機会だと思い、第ちゃんから聞かせてもらった第一回目の【札幌物ノ怪録】の出来事を話させてもらった。

そしてイベントが終了し数日経ってから、イベントに遊びに来てくれた人たちと会う機会があった。イベントの感想などを聞かせてもらっている中で、ほぼ全員から言われた言葉がある。

匠平さん、第一回目の時に髪が長いスーツ姿の女の人がいたって話をしていたけど、第二回目の時もいたってさ。Yさんだけじゃなくて、他にも何人かその女性を見たって言ってたよ——。


その女は道新ホールに巣食うものなのか？

それとも僕が呼んでしまったのか。

真相は定かではないが、ひとつわかっていることは、僕はすでにソレに「見つかっている」のだ。

小樽の天狗

ななさんが東京に住んでいた時の話だ。

彼氏と二泊三日で旅行に行こうという話になり、どこに行こうか候補を出し合った。

沖縄や福岡や長野や広島など候補地を出し合う中で、彼氏が意を決したかのように言い放った。

「ななは楽しくないって思うかもしれないけど、本当は北海道に行きたい」

それを聞いてななさんは、正直なところ「えー」と思ったそうだ。

ななさんは札幌市の出身なのだ。でも彼氏がそう言うのなら話は聞こうと思った。

「北海道って広いけど、北海道のどこに行きたいの？」

「うーん、札幌と函館《はこだて》には行きたいな」

「それって、めちゃくちゃ遠いよ」

札幌と函館は二三〇キロ以上離れているため、二泊三日の旅で両方の土地を満喫するのは難しい。

「そんなに遠いのか……なら、諦めるしかなさそうだね」

彼氏が捨てられた子犬のような表情になって下を向く。

心の底から残念そうなその様子を見て、ななさんはどうにかできないかと考えた。

「あのさ、絶対に函館じゃないとダメなの？」

「北海道で海鮮っていえば函館のイメージがあるし、歴史のある街並みを見たかったからね……」

確かに函館は北海道の中でも歴史が長く、全国的に見ても海鮮のイメージは強いだろう。しかし、ななさんには絶対に函館が良いと言う彼氏を説得するアイデアがあった。

「海鮮と歴史ある街並みが見たいなら、小樽《おたる》はダメなの？」

「小樽は小樽運河っていうのがあるってことくらいしか、あまり知らない」

「小樽なら札幌からＪＲで乗り換えなしで一時間以内に行ける。歴史もあって街並みも函館と近いし、海鮮だって名物だからどう？」

ななさんはＧｏｏｇｌｅで小樽を検索すると、その街並みや有名な飲食店などの写真を見せる。すると、彼氏の捨てられた子犬のような表情が少しずつ明るくなって、画面を食い入るように見つめだした。

「どう？　小樽も悪くないでしょ？」

「うん！　というか小樽がいい！」

ということで話がまとまり、二人は北海道旅行に出かけた。


朝早い便で出発し、昼前には札幌に到着。時計台や大通公園、テレビ塔を見て回って、スープカレーや味噌ラーメン、ジンギスカンなど北海道らしいものを食べに行き、彼氏はずいぶん嬉しそうにしている。

ななさんにとっては地元でお馴染みのことも彼氏のおかげなのか、それとも久しぶりに帰ってきたからか新鮮なものに感じた。

夜、ホテルに戻ると、休む間もなく彼氏が翌日に行く小樽のことを携帯電話で調べ始めた。

ななさんも彼氏の横に座り、一緒に携帯の画面を見ながら小樽の観光ルートを考える。

「朝一で移動するから、朝ご飯は小樽駅の横にある三角市場で食べよう。その後は小樽の商店街を歩いて散策して、小樽運河のクルージングに参加……ん？　なにこれ？」

彼氏が、赤い大きな天狗の顔の写真を指差す。

「あー、天狗山《てんぐやま》の鼻なで天狗さんね」

小樽には天狗山という標高五三二・四メートルのシンボル的な山がある。山頂からは小樽の街並みや日本海が見え、夜は「北海道三大夜景」とも言われている絶景が望める。「鼻なで天狗」はその山頂にあり、鼻を触ると願い事が叶うパワースポットとして有名だ。

「小樽って天狗伝説みたいなのあるの？」

「よくわからないけど、天狗山には『鼻なで天狗』さんとか『天狗の高下駄』とか『天狗山神社』とか、天狗にまつわるスポットはたくさんあるよ」

彼氏はななさんから天狗山の説明を聞いているうちに、俄然《がぜん》興味を持ったようだった。

「明日、天気が良かったら天狗山に行こう！　小樽の街並みを一望できるのもいい！」

次の日、予定通り小樽へ移動すると、朝ご飯を三角市場で食べ、小樽の商店街を歩き、小樽運河のクルージングに参加する。

クルージングが終わってもまだ時間は十三時前で、天気も良好だ。

「さて、天狗山に向けて出発しますか！」

普段は物静かでマイペースな彼氏が、アクティブに動いて喋《しゃべ》っている。

ななさんは彼氏の思いがけない一面を見て驚いていた。

小樽運河からタクシーに乗り、三十分もしないで天狗山ロープウェイに到着した。

二人は早速ロープウェイに乗り込み山頂を目指す。

小樽の街並みを見下ろしているとあっという間に山頂に到着。

前日の夜に画像ですでに見てしまったが「鼻なで天狗さん」の鼻を撫でたり、「天狗の高下駄」を履き、そこにいるスタッフさんから「天狗の高下駄」は片方三十キロもあるがごく稀《まれ》に小さな子供が履いたまま普通に歩くことがある。という話を聞かせてもらい自分たちが歩けるか試す――が驚くほど動けなかった。

その後は「天狗の館」で天狗にまつわる品を見て、最後に「天狗山神社」を参拝し、二人は天狗山を存分に満喫した。

「すごい楽しかったね！」

帰りのロープウェイの中で彼氏と二人、天狗山の話で盛り上がる。

ロープウェイを下り、時計を見ると十六時を過ぎていた。

「お昼ご飯食べてないからお腹空いたね」

彼氏がお腹をさする。

「うん、そうだね。タクシー乗って街中に戻ろうか！」

ロープウェイの出口すぐのところでタクシーを捕まえて乗り込む。

タクシーの運転士が若いお兄ちゃんで、観光で来たということを伝えると小樽の歴史や地元の人たちが行く穴場スポットなどを教えてくれて、タクシーの中でも楽しい時間を過ごしていた。

札幌が地元のななさんも「小樽ってこんなに楽しかったんだなー」と、思いながら山道を下るタクシーから外を眺めていると、理由はないのだがなぜかガードレールの向こう側、鬱蒼《うっそう》としている木々の隙間が気になる。

（なんで私、木と木の間をこんなに見ているんだろう）

何かの目的を持って見ていたわけではないため、目線を外しフロントガラスの方を向いた瞬間だ。

人のシルエットをした大きくて黒い影が、物凄いスピードで車の前を通り過ぎていったのだ。

ななさんは咄嗟《とっさ》に「なに今の！」と声を上げる。

「目の前をなにか飛んでいったけど、よく見えなかった！」

隣の彼氏も驚いたようだ。

「運転手さんも見ましたか？　今、なんか変なの通り過ぎましたよね？」

ななさんは運転席からなら、もっとよく見ているだろうと思い聞いてみる。

「見ましたけど、なんですかね？　大きくて黒い影しか見えなかったけど、鳥ではないですよね。鳥っぽくはなかった……」

「そうですよね。なんか人の影のようにもみえたけど……」

ななさんが見たものを、その場の全員が目撃していたのだ。

「私ね、あの時には言えなかったんだけど、あの影は天狗だと思っているの。人の形をした大きな黒い影しか見えなかったって私はその場では言っていたけど、私、見たんだよね。そのシルエットの背中には間違いなく羽が生えてたもん。やっぱり天狗山には天狗がいるんだと思う」

湯気には注意

長澤さんは数年前まで豊平区に住んでいた。

学生が多く住む街なので比較的家賃が安く、スーパーや薬局や病院も複数あり、なによりも駐輪場にバイクを駐めてもお金がかからない物件を見つけたのが、豊平区に引っ越した決め手だ。

長澤さんの職場はバイク通勤が許可されていたため、出勤時にはバイクに跨がり、平岸通りから南大橋を渡って通っていた。

毎日バイクで走るこの道で、長澤さんは一度だけ不思議な体験をしたことがある。

それは八月の出来事だったそうだ。

その年、長澤さんはお盆休みを遅く取ることにした。

お盆期間はどこに行っても混んでいるし、お墓参りに行くにしても渋滞に巻き込まれ余計な時間がかかる。それなら一週間お盆休みをずらして取れば問題はすべて解決できるのではないかと、社会人数年目にして気が付いたのだ。

お盆に出勤しているのは長澤さんを含《ふく》めて数人。

仕事も時期的なものなのかそこまで忙しくはなく、そのせいで逆にダラダラと仕事をしてしまい、普段より帰る時間が遅くなってしまっていた。

その日も二十二時過ぎに退社し、会社の駐車場に向かう。

この時間は車やバイクが駐まっているのはまばらだが、お盆でさらには遅い時間のためか駐車場には自分のバイク以外、駐まっていない。

(勤めて数年になるけど初めて見る光景だな)

そう思いながらバイクに跨り、エンジンを掛ける。

ブルンッブルンッ!!

エンジン音がやけに大きく聞こえる。

（毎年お盆ってこんなに静かだったっけ……）

長澤さんは自宅に向けてバイクを走らせた。

南九条通に入ると交通量が一気に増え、先ほどの静けさが場所限定だということに気付かされる。

中島公園駅前を通過し、南大橋を渡ると豊平区だ。

今日の晩御飯は何にしよう。冷蔵庫の中に何か食材は入っていたかな？　それとも今日は自炊をやめてコンビニに寄って弁当とか買って帰ろうかな。

自宅が近くなると誰しもが考えるようなことを長澤さんも考えながら、最短距離で帰るか、買い物のために寄り道をするか迷っていた。

（ん？　なんだあれ？）

バイクを走らせている長澤さんの視界に、ある光景が飛び込んできた。

（煙？　湯気か？）

道路から白い煙なのか、湯気が立ち昇っている。

北海道の冬によく見られる光景だが、外気と下水道の寒暖差によりマンホールから真っ白い湯気がもくもくと立ち昇ることがあるのだ。

まさに冬に見るあの光景が今、目の前で起きている。しかし、今は八月のお盆真っ只中。北海道の短い夏の終盤である。終盤といっても夏は夏。外気と下水道に多少の寒暖差があったとしても、湯気が立ち昇ることはない。

(あまり気にするものでもないか)

道路幅を考えれば避けることもできたが、煙にぶつかったって事故になるわけではないし、長澤さんは目の前の煙の中をバイクで抜けていった。

抜けた直後、長澤さんの視界に変化が起きた。

(あれ？　なんで視界が急にボヤけたんだ？)

長澤さんの視界全体が写真のピンボケのようにボヤけてしまった。さらには鼻水も出てきて、横隔膜《おうかくまく》がヒックヒックと痙攣《けいれん》し、口からは「うぅ…うぅぅ…」と声が漏《も》れる。長澤さんは自分の意思とは関係なく、煙の中をバイクで抜けた瞬間から号泣していたのだ。

目に溜まった涙により視界がボヤけ、号泣したため鼻からも水が流れ出て、辛くも苦しくも悲しくもないのに嗚咽《おえつ》が漏れる。

(ああ、そうか。あれは触れてはダメな煙だったんだな)

こんな状態では寄り道をして買い物なんてできるわけもなく、長澤さんは自宅への最短距離で帰宅したそうだ。

「匠平君、道路から立ち上る煙や湯気には触れてはいけないよ。俺は食らったからわかるんだよ。あれはね、幽霊か毒ガスのどっちかだからね」

彼女の家

三十代前半の男性。矢作さんの体験談。

この話は、あなた自身が矢作さん本人から聞いている体で読んでいただきたい。


これからする話は、霊感が強いという彼女との話なんです。

その彼女と付き合ったきっかけっていうのは友達からの紹介でした。

彼女に会う前に友達からは「幽霊とか見えたり勘が良かったりするけど、可愛いし性格もいいし——矢作にはもったいないくらいの女だと思うけどね」と言われていて。

可愛いという以前に変な情報が乗っかってるし、紹介されたところで好きになるとかはないなって思っていました。でも、実際に彼女を目の前にしたらモデルなの？　ってくらいスタイルが良くて可愛くて、一目惚れしちゃったんですよ。

彼女も僕のことをすぐに良いと思ってくれたらしくて、初めて会ってから二ヶ月もしないうちに交際が始まったんです。

霊感が強いって言われて紹介されたくらいの子ですから、一緒にいる時には色々と不思議な体験をしましたよ。細かいものなら話せばキリがないくらいありますけど、印象に残っている出来事だと、そうですね……。

ある日、彼女から仕事中に電話が来たんです。

ちょっと遅めの昼休みの最中で、ご飯を食べようとしていたところで、すぐに着信に気がついて電話に出ました。

もしもし？　と僕が言うと、こう言われたんです。

「いきなり電話してごめんね。あのね、多分だけど四十分後ぐらいに会社に戻ることになると思うんだ。だけど、そのタイミングで戻ったら逆に会社に戻れなくなる気がするから、今すぐ会社に戻るか、もしくはもう少しずらして、一時間後とかに会社に戻るようにして」

当時から彼女と一緒に不思議な体験はたくさんしていたので、僕は彼女の言う通りにしようと思いました。

「わかったよ。それならご飯食べ終わってゆっくりしてから会社に戻るね」

そう伝えたら「うん。気をつけてね！」って彼女が言ってくれて、その後電話が切れたんです。

それから十五分から二十分後くらいですよ。僕、オムライスを食べていたんですけど、残り二口ぐらいのところで携帯電話が鳴ったんです。

相手は直属の上司からでした。

電話に出ると「休憩中に本当にごめん。矢作のことを贔屓《ひいき》にしているお得意さんの○○さんが今来ているんだけど、矢作に一言挨拶してから帰るって言ってるから、なるべく早く帰ってきてくれないか？」という内容だったんです。

正直なところ何かミスでもして怒られるのではないかと思っていたので、電話の内容にとても安心しました。

「わかりました。すぐに戻ります」と電話を切った後、残ったオムライスをかき込み、会計をして店を飛び出ました。

ゆっくり歩いて向かったとしても二十分以内には会社に到着する。ご飯を食べてすぐに走ると横っ腹が痛くなるじゃないですか？　そうはなりたくなかったので、気を付けて歩きながら「休憩時間はまだ残っているし○○さんに対応した後は会社で仮眠取ろうかなぁ」って考えていたんです。

創成川沿《そうせいがわ》いを歩いて二条市場が見えてきて、そろそろ信号を渡ろうと思った時ですよ。ドンッ！　と大きな音と今まで感じたことのない衝撃が体に響いたと思ったら、気が付くと目の前には真っ白な天井が広がっていました。

そうなんですよ。会社に戻る最中に、アクセルとブレーキを踏み間違った車に撥《は》ねられちゃったんですね。

意味のわからない状況にすごい混乱したんですけど、とあることを思い出してすぐに冷静さを取り戻したんです。

「会社に戻らないといけないタイミングで戻ったら逆に会社に戻れなくなる気がする」

それは先程電話越しに彼女に言われたことでした。

まさに彼女の言った通りになったわけです。

前置きが本編ぐらい長くなりましたが、ここからが本当に聞いて欲しい話なんです。

彼女と付き合って二年から三年経っていたくらいだと思います。

その日、僕は仕事が休みだったので、彼女の家に前日から泊まりに行っていました。彼女の家は1LDKです。キッチンとリビングと寝室が一直線に並んでいて、寝室にスライド式の扉が付いているんですけど、常にその扉は開けっ放しにしているんで、ほぼワンルームみたいな家だったんですね。

朝の十時頃に起きてベッドの上で携帯をいじったりテレビを見ている間に、気が付けば昼の十二時を過ぎていました。

彼女は「そろそろ起きてご飯作ろうかな」って言うとベッドから起き上がってキッチンに向かっていきます。

僕はそんな彼女の背中を見つつ、また少しウトウトしてきたから、そのまま寝ることにしたんです。ご飯ができたらいつも彼女が起こしてくれていましたからね。

どうやらあっという間に寝てしまったみたいで、お腹をトントンって叩かれて目を覚ましました。

まだまだ眠たかったので薄目を開けてお腹の方を見てみると、スッと足元で彼女がベッドの陰に入るのが見えました。かわいい遊びしているなぁって思いつつも、まだ眠たかったので再び目をつぶったんです。

そしたら数分後に、またお腹をトントンと叩かれた。先ほどと同じように薄目を開けてお腹の方に目線をやると、スッと彼女がベッドの陰に隠れる。

かわいいけど何が面白いかもわからないし、やっぱりまだ眠たかったので目をつぶったんです。でも次にお腹を叩かれたら起きようって決めてました。

目をつぶると三分もしないで、お腹を叩かれたんで、彼女のことを驚かせてやろうと勢いよく上体を起こしたんです。

そしたら寝室には彼女の姿なんてないんですよ。

あれ？　って思いながら見ると、キッチンに彼女がいるんです。

「あのさ、今起こしに来なかった？」

聞いてみたら「食器とか片付けていたし、起こしてないよ」って言われました。

ここで僕も気が付いたんですけど、ベッドの陰に隠れた人影を彼女と思い込んでいましたけども、彼女自身の姿は見ていないんです。

姿かたちははっきり見ていないけども、目を開けると人影がベッドの陰に隠れる。

家には僕と彼女しかいないわけですし、その影を彼女だと思い込んでいたんです。

不思議なことが起きているのにとても冷静な彼女、何事もなかったかのように流れ続

ける テレビ、台所から漂《ただよ》う料理の匂い――。

「異常」なはずなのに「普通」の時間が流れる空間に、恐怖を感じました。

そして我慢できなくなった僕は、彼女に大きな声を出してしまったんです。

「もしかしてこの部屋なんかいるのっ⁉」

そうしたら彼女、できた料理をリビングのテーブルに並べながら言うんです。

「いても見えなかったら気にしなくて良いでしょ？　さっきのは私の代わりにあなたのことを『ご飯だよー』って起こしてくれたんだよ？　感謝しなきゃ」


この出来事から数ヶ月後、彼女の世界についていけなかった僕は最終的に別れました。

多分、今でも彼女はあの家に住んでいると思います。

え？　場所ですか？　建物の名前も教えますよ。あっ、でもイベントとか本には建物名は書かないでくださいよ？

札幌市中央区の東屯田《ひがしとんでん》通り沿いにある○○ってマンションです。

ピアスが外れる物件

お世話になっている方の店で飲み食いしながら、カウンター越しに大将と世間話をしていた。僕がスリラーナイトを退職したことや、コロナ感染防止対策の影響による客足のことや、酒の話——僕も含めて常連が多い店のため、カウンターで飲んでいると他のお客さんと仲良くなることも多い。

この時も僕と大将の話が盛り上がっていく中で、僕の隣に座っていた同い年くらいの黒髪で、若い時はやんちゃしていたのかな？　という雰囲気の男性も会話に参加してきて自然と一緒に飲むことになった。

僕の職業が怪談師ということに興味を持ってくれた男性が、僕にいろいろと質問を繰り出している最中に、大将が間に入って男性に話を振る。

「小森君って不思議な体験とかってないのか？　匠平はいつでも怪談収集しているから

協力してあげてよ」

大将はいつもこんな感じで僕の怪談収集を手伝ってくれる。

「えー、そんなのないよー。怖い話でしょ？　俺、霊感とかないからマジでないよ」

小森君と呼ばれた男性は、左手で自分の左耳を触りながら首を傾《かし》げる。

「小森君いきなりごめんね。でも、なんかないかな？　怖くなくていいのさ。さっき大将も言ってくれていたけど、不思議な話で良いの。怖い必要もなくて、アレってなんだったんだろうなーってやつ。なんかひとつくらい、ない？」

僕の経験上、怪談を聞かせてよって言うとなかなか話してもらえないが、怖い必要はないってことを伝えるとハードルが下がるのか話を聞かせてもらえることが多い。

「怖くなくていいのか。でも、不思議な話ないかって急に言われても……あっ、あるわ」

小森君は左手で左耳を触った状態のまま俺の方を見て「今触ってる左耳の話なんだけど」と言って話し出した。

小森君がまだ大学生の頃に体験した出来事で、今から十年ほど前の話だそうだ。

「俺、左耳だけピアスの穴が三つ開いていて。中学三年生の時に開けてから大学卒業までピアスつけてたんだよ」

その日も小森君はいつも通り大学に行き、大学が終わった後はバイト。バイトが終わって家に着いたら二十三時を過ぎていた。

「いつもならご飯を食べて風呂に入ったら一本映画とか観てから寝るんだけど、その日は疲れていたのか、風呂上がって髪を乾かし終わった時には眠気のピークで、すぐに布団に横になって眠ったんだ」

朝の九時半、携帯のアラームで目を覚まし、大学に行く準備を始めるため布団から起き上がろうと布団に手をつくと、手のひらで硬いものを潰した。

「なんだろうなぁって見たら、ピアスが出てきたの。ダイヤカットされたガラスがはめ込んであるピアス。俺の左耳についていたやつ」

眠っている間に枕カバーだとか、掛け布団に引っかかって耳から取れたのかと思い、ピアスを拾い上げて見てみると、キャッチがピアスに付いている状態だった。

「ということは耳が切れてるってか裂けてるじゃん。でも、布団に血なんて一滴もついていないし、耳を触っても痛くない」

洗面所に行き、洗面台の鏡で耳を確認すると、三つのピアスのうち、真ん中のがなくなっていることがわかったが傷はない。

「俺が寝ぼけて、自らキャッチを外してピアスを取って、またキャッチを付け直して布団に置いたとしか考えられないでしょ？」

「うん。確かにそうだね」

「俺もそう思って、あまり気にしなかったんだ」

それから数日後、小森君の彼女が家に泊まりにきた。

彼女の手料理を食べ、一緒にお風呂に入り、同じ布団で眠る。

「朝一緒に起きて、ご飯どうしようかーって話を布団に入ったままましていたら、彼女が寝返り打った直後に『あれ？』って言うの」

彼女が寝返りをうった視線の先には小さなテーブルがある。布団にいながらも飲み物が飲めるように、置いてあるのだ。

「どうした？」

「ありがと！　寝ている間に私のピアス取れちゃったんでしょ？」

テーブルの上には小森君が以前、彼女にプレゼントしたピアスが置いてあった。

「え？　知らんけど」

「ん？　だって、これ、私貰った日から洗う時以外は付けっぱなしにしているし。キャッチがついてるってことは、寝てる間に外れたピアスをあなたが拾ってテーブルの上に置いてくれたんでしょ？」


「こんな感じで、なぜかピアスが外れるって物件に住んでいたことはあるよ」

「何回かそんなことがあったってこと？」

「そうだね。俺は何回も同じようなことがあったし、彼女だけじゃなくて友達とかでも何人もいたよ。みんなウチに泊まると、なんかのきっかけで自分のピアスを発見して、いつの間にかピアスが外れていたことに気が付くの。そんで見つけたピアスには必ずキャッチが付いてるんだよ」

「そこを引っ越してからは？」

「引っ越してからはないな。引っ越して一年後くらいからピアスつけなくなっちゃったしね」

小森君は左耳を引っ張ってピアス穴の痕を見せてきた。

「あのさ、そのピアスが外れる物件ってどこなの？」

「南9西9だよ。あの治安あんまり良くないところ――」
南9西9――「彼女の家」でも紹介した、東屯田《とんでん》通りの番地である。

はじめての心霊スポット

澤さんは三十代半ばの男性で、若い頃は心霊スポット巡りを趣味にしており、当時有名だった北海道と東北にある心霊スポットはすべて制覇したと、聞いてもいないのに定期的に伝えてくる。めんどくさいけど、面白い先輩だ。

この日は澤さんと二人でご飯を食べていたのだが、お酒も入って気分が良くなった澤さんがいつも通り「匠平は怪談師かもしれないけど、僕は北海道と東北の心霊スポットをすべて制覇したんだよ」と、謎の自慢話を始めた。

「あー、そうなんですね」

いつだって、面白い話が出てくることもないので適当に相槌《あいづち》を打つ。

「おい。興味ない感じを全力で出すなよ」

「だって、いつもその話つまんないんですもん」

油断してついつい本音が口からこぼれてしまった。

(ヤバっ)と思い、澤さんの顔を見ると、瞼《まぶた》を捨てたのかと思うくらい目を見開いて、口は優しく「ふぇ」って言ったような形になって小刻みに震えている。

僕の想像以上に精神的ダメージが大きかったようだった。

さて、どうやって機嫌を取ろうかと頭をフル回転させる。

「よし! わかった!」

澤さんが突然大きな声を出す。

「どうしました?」

「それなら俺が人生で初めて心霊スポットに行った時の話をしてやるよ」

これをおとなしく聞くのが澤さんの機嫌を取る最善策だと判断した僕は、興味津々のふりをして澤さんの話に耳を傾けた。

澤さんが中学一年生の頃の話だという。

地元は札幌市北区屯田で、澤さんは部活に入っていなかったため放課後は毎日のように遊びまくっていた。

「俺とハッチとケンスケの三人は仲良くて、飽きもせずに毎日一緒にいたんだよ」

澤さんとケンスケの二人はどこにでもいるような中学一年生だったそうだが、ハッチもまた、どこにでもいるようなイキリ（イキった）中学生だったらしい。

「当時はそんな言葉はなかったけど、今で言うなら『中二病』ってやつだろうな。ハッチはヤンキーとか悪《ワル》に憧れてたんだ」

ある日の放課後、三人はそれぞれが一度自宅に帰り、私服に着替えて再集合した。

目的は人生初の心霊スポットに行くためである。

「ハッチが言い出しっぺだったよ。ヤンキーといえば心霊スポットに行く！　みたいな考えを持ってたんじゃないかな？」

三人で自転車を漕いで向かった先は、現存する北海道最古の墓地であり、心霊スポットとしても有名な「屯田墓地」である。

北区屯田にあるから屯田墓地と名付けられたわけではなく（厳密には石狩市にある）、屯田兵で入植してきた先人やその子孫たちの墓地だからだと言われている。

「ハッチに、屯田墓地に行くって学校で言われた瞬間は正直ビビッたけど、どんだけ調子に乗ろうがかっこつけようがハッチも中学一年生なんだよ。十八時には屯田墓地を離れないと家の門限に間に合わないからって、真夏の陽射しが燦々《さんさん》と降り注《そそ》ぐ夕方に屯田墓地探索が始まったんだ」

新しく造成された墓地とは違い、古い屯田墓地は区画整理などされておらず、敷地内は入り組んで迷路のようになっている。

「墓地に入ったら、ハッチがどんどん先に進んでいくから、俺とケンスケはそのあとをただ着いて行ったんだ」

敷地内をグルグル歩きながら、屯田墓地の中心部と思われる場所に到着した。すると、先に歩くハッチが突然、目の前の墓石を蹴って無惨にも倒してしまった。

びっくりした澤さんとケンスケが止める間もなく、隣にあった墓もハッチは蹴り倒してしまう。

澤さんとケンスケが「さすがにそれは」と注意すると、ハッチはさらに調子に乗って墓を荒らし続ける。

「酷《ひど》いもんだよ。植わっている木に文字が書かれた布が結んであったんだけど、それをどこで手に入れていたのか持ってきたライターで火を点けたり、花を活けるために地面に埋めてあった容器にションベンしたりさ」

それでも諦めずに注意をし続けながらハッチの後を着いていくと、屯田墓地の端の方、裏手が自衛隊の演習場になっているところまで来てしまった。

そうしたらハッチが急に叫び出した。

「うわっ、ヤバい！　急げよ！　急げって！」

全力疾走で墓地を走り出すと、自転車を停めていた場所にまで戻った。

「意味わからないけど追いかけて行って、墓地から出て自転車に跨ったら、先に飛び出していたハッチはすでに自転車を漕いで行っちゃってたんだよ」

澤さんとケンスケも自転車で急いでハッチに追いつく。しばらく行って自転車を停めたハッチの横に二人は自転車で並んだ。

「ハッチどうした？」

「ビックリしたな！　逃げられてよかったよ！」

一体何を言っているのかわからない。ケンスケも同じだったようで困った顔をしている。

「何にビックリしたの？」

澤さんがもう一度聞いてみる。

「めちゃくちゃビックリしたじゃん！　帰れッ!!　って、凄い大きな声で怒鳴られただろ？　裏手が演習場だから自衛隊の人だと思うけど」

ハッチが走り出した時に隣にいた二人には、そんな怒鳴り声は聞こえていない。

「ハッチ、墓地の幽霊に怒られたんじゃない？」

ハッチが「え？」という顔になった。

「それはないだろ。幽霊なんていないって！」

余裕を演出しようとしたのか、ハッチは自転車のハンドルに両前腕を乗せた前傾姿勢になると、ふらふらと自転車を漕ぎだした。

三人横並びの状態からハッチだけ、五メートルくらい先に出る。

「ハッチ、それで転んだら、めっちゃ痛いよ」

澤さんが声を掛けたちょうどその時、ハッチは横断歩道を渡り始め――

ガシャンッッッ

信号無視をした猛スピードの軽自動車に撥ねられ、視界から消えた。

「ハッチは命に別状はなかったけど大怪我をしていたよ。これが俺が人生で初めて心霊スポットに行った時の話だ」

いつもと違い思いがけず面白かったので、こうして書かせてもらった。

俺と妹の秘密

数年前、スリラーナイトで働いていた時に、定期的に遊びに来てくれていたお客さんがいた。

彼の名前はレイタ君。身長が一八〇センチ近くあり、痩せ型のイケメンである。とてもおしゃべりが上手な子で、お店でも仲良く一緒に酒を呑みながら話していたのだが、僕の友達の後輩ということがある日判明して、それからはプライベートでも呑みに行くようになった。

レイタ君は一緒に遊んでいるとたくさんの話をしてくれるのだが、一回遊べば必ず一話は奇妙な話を聞かせてくれる。どうやらレイタ君には少し霊感があるようだった。

「匠平さん、そういえば俺が小さい頃の話なんですけど」

今日もレイタ君が奇妙な話を語り始めた。

レイタ君が幼稚園から小学校低学年まで体験していた出来事だという。

「俺の実家って新しくも古くもない、どこにでもあるような普通の一軒家なんですよ」

レイタ君の実家は、札幌市北区にある二階建ての一軒家だ。

一階にはリビングの他に洋室一部屋と仏間があった。

「俺の部屋は二階にあったけど、寝る時には一階のリビングの隣の仏間に父親と妹と三人で川の字で寝ていました」

仏間の奥から父親、妹、レイタ君と並び順は決まっていて、レイタ君はリビングに限りなく近い位置で眠っていた。

「俺の寝ていたところからリビングの方を向くと、キッチンとキッチン奥にある脱衣所の扉が見えるんです」

脱衣所の扉には曇りガラスがはめ込んであり、電気が点いていたらもちろん、点いていなくても誰かがいたりすると、人影が透けて見える。

「その日は理由なんてないと思うんですけど、夜中に目が覚めたんです」

隣では妹と父親が眠っている。

レイタ君は時間が気になり、時計を見ようと妹の方を見た。

しかし、こういう時に限っていつも妹の枕元にある目覚まし時計が倒れていて時間が見えない。

「その時です。俺、布団に横になった状態のまま、なぜかリビングの方を振り向いたんです」

暗くて誰もいない静かなリビング。その向こうにはいつも母親が立っている台所が見えるがそこも暗く静かだ。

「でも、脱衣所の様子だけ変なんですよ」

台所の奥、脱衣所に続く曇りガラスの扉は閉まっていた。

「その閉まっている扉の曇りガラス越しに、人の形をした緑色のナニかが蠢《うごめ》いているのが見えるんです」

キッチンや台所、脱衣所も電気は点いていない。しかし、それでも曇りガラス越しに、そこにいるナニかが緑色であるのは間違いなくわかる。人型ということと色だけはハッキリと見えるのだ。

「それ、こっちに来るわけでもなく、ドアを開けたりとか叩くわけでもなく、ただただ脱衣所で動いているんです」

それはレイタ君に見られていることに気が付いているのか、曇りガラスの枠から見切れることはなく、体を上下左右に揺らしてみたり、頭だけを揺らしたりしていた。

「この出来事がきっかけで、年に数回この緑色のナニかを脱衣所の曇りガラス越しに見るようになったんです」

それは夜更かししている時には見えない。それは曇りガラス越しにしか見えない。それは脱衣所から出ようとはしない。それは夜中に目が覚めた時にしか見えない——。

「そして、何度か見るうちに気付いたんです」

緑色のそれがいる時、夜中に目が覚めるんですよ。

「こんな体験を幼稚園の年長くらいから、小学校の二年生くらいまでしていたんです」

小学校三年生の途中からは二階にある自分の部屋で寝るようになったため、夜中に目が覚めたとしても緑色のそれを見ることはなかった。

それから約二十年経過し、レイタ君が実家で妹と二人で話している時のこと。

当時の思い出話として、その話をしたところ、妹がコップをテーブルに置き、下唇を噛《か》みながらレイタ君を見つめて言った。

「私もそれ、見てたよ」

これ、両親は知らない、俺と妹の秘密なんです。

穴場スポット

去年（二〇二一年）の忘年会シーズンのことである。

友達から「釣り仲間の忘年会があるから匠平も一緒に来ないか？」と誘いを受けた。

知らない人たちの忘年会に僕のことを誘う友達の感覚を疑った。

「行かない行かない。一年どころか今までの人生で一度も関わったことのない人たちと何を振り返ることがあるのよ」

「いや、違うんだって。大丈夫！　そこは俺がちゃんと紹介するから」

問題はそこじゃない。

「えーっとね……まず、なんでお前の釣り仲間の忘年会に誘ったのよ」

その理由を聞いた上で断ればこいつも諦めるだろう。

「釣り人ってさ、心霊的な体験が大体みんなあるんだよ。匠平の仕事に役立つかなと思って」

「行かせていただきます」

　こうして僕は友達の釣り仲間の忘年会に参加することになった。

　僕と友達を含めて七人の忘年会。

　年齢も様々だが、全員が川釣りを専門としているらしい。

　人見知りをする性格ではないが、知らない人たちの忘年会に参加するのは人生初のため、最初は戸惑い気味。

　しかし、その心配はどこへやら。乾杯した一時間後には皆さんから名前を呼んでもらいながら楽しくお酒を飲んでいた。

「匠平君、今日は不思議な体験を聞くためにきたんだよね？」

　及川さんという四十代の男性が俺の隣に座った。

「そうなんですよ。すでに潰れかかってるアイツから、釣り人は不思議な体験してるって聞かされて」

　指さした先の友達は酒を飲むペースを間違えたのだろう、顔を真っ赤にして体が前後に揺れている。

「なら、俺の話を聞いてもらっていいかい？」

そうして及川さんは話し始めた。


及川さんのお気に入りの釣りスポットは、後志《しりべし》管内を流れる尻別《しりべつ》川のとある場所である。そこには大きなニジマスやイトウが生息しており、釣り人でも知っている人は少ない極秘ポイントだという。

「川釣りなんてほぼ登山みたいなもんだから。道なき道とか、昔使われていた道路の名残の轍《わだち》を数時間歩いた先にその場所はあるんだ」

そこには昭和初期から中期にかけて造られたであろう水門があり、まず人が来るような場所ではない。

「その日は夜釣りで行ったから、その場所で朝まで釣ってようと思っていたんだ」

及川さんが釣りを始めて三十分ほど経過した時だ。

……な……われら……く

どこからか人の声が聞こえてきた。

（自分以外にも釣りをしている人がいるのか？）

及川さんはライトであたりを照らし、見渡してみた。

草木が照らされて、暗闇の中に沈んだ緑色が浮かび上がる。

どうやら肉眼で見える範囲には人はいなさそうだ。

「釣り人のルールみたいなもんがあって、近くで先に釣り人がいたら、先客の邪魔にならないような場所に移動するんだよ」

先客か、はたまた自分より後に来たかはわからないが、姿が見えないなら問題はないだろうと判断した及川さんは釣りを続行した。

「だけどさ、やっぱりどっかから声が聞こえるんだよね。だから、耳を澄まして声がする方をもう一度照らしたんだ」

照らした先にあったのはもう使われていない水門だった。

（この裏手に人がいるのか？）

水門を照らしている最中も声は聞こえ続ける。

「なにを言ってるかわからないんだけど、途中でその声が一人じゃないことに気が付いたんだよ」

最低でも四人の声が聞こえる。何を言っているのか気になった及川さんはよく聞いてみる。そして、その声の異常性に気が付き、背筋にゾクッと悪寒が走った。

「そういう場所で四人とかの声が聞こえたら、普通は会話だよね？　ということは声がバラバラに聞こえるはずなんだよ。でもね、俺がその時に聞いた四人の声は揃っていたんだ。つまりね、同じリズムで同じことを一斉に喋ってるんだよ」

及川さんはライトで水門を照らしたまま動くことができなくなってしまった。

声は止むことなく聞こえ続ける。

せん……を……し…して

「俺ね、怖くて身動き取れなくなっちゃって。水門の方から聞こえてくる声を聞き続けるしかなかったんだよ。そしたらさ、わかっちゃったの。四人で同じことを喋ってるんじゃなくて、四人で歌っているんだ」

ハッキリとは聞こえないが、リズムや辛《かろ》うじて聞き取れた単語から、どんな歌かは予想がついた。

「それな……軍歌なのさ」

令和の時代に誰もいないような山奥で、夜中に軍歌が聞こえてくる。そんなことはありえないと思うが、今ここで自分自身が体験している。

「そんな場所には怖くていられないでしょ？　だから俺、急いで荷物まとめて帰る準備を始めたんだよ」

荷物をまとめている最中も歌声は聞こえ続ける。

人の姿はどこにもないが、歌声は移動することなく同じ場所から聞こえるのだ。

「笑われるかもしれないけど、俺にはわかったんだ。あれは『水門』自体から聞こえてたんだよ。水門が歌ってたんだ」

荷物をまとめ終わった及川さんはすぐにその場を後にした。その場を離れていく最中も水門の方からは軍歌がずっと聞こえてきたそうだ。

「幽霊の姿を見たわけじゃないけど、俺からしたらすごい怖かったんだよ」

及川さんがビールジョッキ片手に笑うと、トムさんと呼ばれている及川さんと同世代くらいの男性が話に割り込んできた。

「及川さん、それってさ、○○の放水口じゃない？」

「えっ、あ、はい！　まさにそこです」

及川さんはビールジョッキを置くとトムさんの方を向いて何度も頷《うなず》いた。

「あそこさ俺も年に二、三回行くんだけど、軍歌なのかはわからないけど、すごい古い歌をずっと何人かで歌ってるの聞こえるよね」


この話を後日、忘年会に連れて行ってくれた友達に改めて話してみたところ、酔って話を聞いていなかった友達は「マジかー」と呟《つぶや》いて下を向いてしまった。

「どうした？」

「あのさ、俺もそこの場所についこの間、十二月の頭くらいに釣りの相方と行ってるんだよ」

「行ったことあるんだ！　で、どうだった？」

「軍歌とか人の声は聞こえなかった。でも、空気感が変でさ。めちゃくちゃ気持ち悪いの。普段はそんなことを言わない相方も『ここ、理由は説明できないけど気持ち悪いから帰ろうぜ』って言ってきて、釣りを始めて三十分もしないで帰ったんだよ」

モヤモヤ鏡

北島さんは遠軽町《えんがる》出身の四十歳だ。

遠軽町は北海道の北東部、オホーツク管内のほぼ中央、内陸側に位置している町で農業が盛んだ。

北島さんの実家は先祖代々神道《しんとう》を信仰しており、家には大きな祭壇《さいだん》と神棚があったため、幼少期から自宅に神道信者たちが参拝しにきていたという。

北島さんも生まれた時から神道に触れていたため、物心つく前から当たり前のように祭壇や神棚に手を合わせていた。

祖母からは「神様は良いことも悪いことも全部見ているから隠し事はできないんだよ。だから、人にも神様にも恥ずかしくない生き方をするんだよ」と、現在も一言一句、覚えているくらい聞かされていたそうだ。

そんな北島さんから小学生の頃に体験したという不思議な話を聞かせてもらった。

北島さんが小学四年生の時、自分の部屋ではなくて、なぜか祭壇と神棚がある部屋で眠っていた時期があった。

そちらの方が居心地が良い気がして熟睡できたから、という理由だった。

しかし、ある日の晩はどうも寝付きが悪かった。

いつもなら布団に入ればすぐに眠たくなって、次に目を開けた時には朝になっているくらい寝付きが良いのに、今夜に限っては全然眠れない。

一時間以上目をつぶっているが、眠れないどころか眠たくもならないのだ。

(眠たくなるまで起きてるか……)

豆電球の薄暗い灯りの中、北島さんは布団に入ったままの状態で部屋の中を見渡す。

徐々に目が慣れて、祭壇にはたくさんのお供え物と花が飾られていて、神棚には榊《さかき》と米と水と御神体の鏡が祀《まつ》ってあるのが見える。

ふと、鏡と目が合ったような感覚を覚えた。

そして、鏡から目線を外せなくなった。

（なんでこんなに見ちゃうんだろう）

自分でも意味がわからない。

すると、御神体の鏡が曇っていくのが見える。

（あれ？　どうしたんだ？）

目を凝《こ》らして鏡を見つめる。注意深く鏡を観察している間にも、鏡はどんどん曇って白くなる。

（あ、これ鏡が曇ったんじゃない）

北島さんは気が付いた。鏡の表面ではなく、鏡の中に白い靄《もや》が立ち込めているのだ。

（鏡の中がモヤモヤしているんだ）

もちろん部屋の中に煙なんてない。やはり鏡の中で変化が起きているのだ。

北島さんはより一層、鏡に意識を集中させるが、怖くて布団から出られない。

どんどんどんどん煙が立ち上り、ついには鏡がモヤモヤで真っ白になってしまった。

次の瞬間。

鏡の中心から白いモヤモヤが細い線のようになって、外に飛び出してきた。

（うわっ！　神様が飛び出してきた！）

幼い頃から神道に触れてきたからか、北島さんはソレを神様と疑わなかった。

白いモヤモヤは漫画やアニメで見るような人魂《ひとだま》のような形を成して、部屋の中を大きく旋回する。

鏡を見てみると、さっきまでモヤモヤしていたのが嘘のようにクリアになっている。

(神様、家から出ていっちゃうのかな?)

北島さんは部屋を旋回する白い煙の塊《かたまり》を目で追う。

ゆっくりゆっくりとソレは一周、二周と部屋をまわり続けている。

五周目を数えた時に、御神体の鏡の中に戻っていったという。

カラフル砂嵐

僕のスリラーナイト最終出勤日に、遊びに来てくれた奈々絵さんというお客さんから聞かせていただいた話。

この話は、奈々絵さんに取材をしているという体で読んでいただきたい。


私、怖い話が本当に大好きで、スーパーとかで買い物をしている時もイヤホンで怪談を聞くくらい好きなんです。

多分、最低でも千話は怪談を聞いてると思うんです。

なんでそんなに怪談が好きなのかって思いますよね？

怪談を好きになったきっかけは私が過去に不思議な体験をしたからなんです。

私がいろんな怪談を聞き続けているのは、自分と似たような体験談があれば、あの体験の真相を知ることができるんじゃないかと思って聞いているところが多いんですよ。

でも、今までたくさん怪談を見聞きしてきましたが、私と似たような体験って残念ながら見たこともなければ聞いたこともないんです。

突然ですみませんが、私の体験談を聞いてもらえませんか？

それで、もし似たようなお話を知っていたら教えてください。


これは私が中学生の時の話です。

おじいちゃんが亡くなった前後くらいだったと思うんです。

夜中に突然目が覚めました。

さっきまで寝てたとは思えないくらい目が冴《さ》えていて、体が一切動かないんです。

これが私の人生初の金縛りでした。

当時住んでいた家は手稲《ていね》区にある団地で、少し築年数の古いところでした。

リビングの隣が子供部屋。つまり私の部屋なんですけど、リビングと子供部屋の間には押し入れがあったので、リビングと自分の部屋で押し入れを挟んでいるような形です。

リビングにはベランダがあって、私の寝ている部屋からは見えないんですが、なぜかその時は普段は気にもしないそのベランダが、気になって気になって仕方ないんです。

でも金縛り最中の私は動くことも声を出すこともできません。

ただベッドの上で体をのばしたまま、寝ている状態で天井を見つめることしかできないんです。

不思議と怖いという感情はなくて（どうすれば金縛りが解けるんだろう）と考えていました。

すると、どこからともなく妙な音が聞こえてくるんです。

ガサガサっていうのか、ガチャガチャっていうのか、とにかく変な音。たまに高い音も聞こえてきます。

（この音はどこから？）

そう思いながら聞き耳を立ててると、すぐに音の出所はわかりました。

どうやらこの音は外から聞こえてくるんです。

そしたら急に頭の中に、その音のイメージみたいなものが浮かんできたんです。

暗い街の中を、カラフルな砂嵐の塊のようなものが音を立てながら移動している。

形は楕円形で、西遊記に出てくる筋斗雲《きんとうん》みたいな感じだけど、とにかく色とりどりな砂嵐の塊なんですよ。

それが徐々に徐々にと、私の住んでいる団地の方に向かってくるんです。

（まさか、家に入ってこないよね）

と思っていたんですけど、そのまさかでした。

カラフルな砂嵐の塊がリビングのベランダから家の中に入ってきて、壁を通り抜けて押し入れに入り、ついに押し入れから私の部屋に入ってきたんです。

（え⁉　どうしよ⁉）

思っているうちにそれは私の頭に徐々に近づいてくるんです。この瞬間に初めて怖いと思いました。すぐにでも起き上がって逃げなきゃいけない状況なんです。でも、金縛りで指先一つ動かない。

（動け。動け。動け！）

全身に力を込めてもがくんですけど、金縛りが解けるような気配はしない。

そうこうしている間に砂嵐と音は、私の顔の真横まで移動してきてスピードを緩《ゆる》めることなく右耳から頭の中に入ってきました。

それは頭の中に入ると、ぐちょぐちょぐちょぐちょと動き回るんですよ。

頭の中では、男性なのか女性なのか大人なのか子供なのか――そもそも人なのか動物なのかよくわからない、いろいろな声と音が反響し続けるんです。

誰にも伝わらないと思いますが、カラフルな砂嵐の音ってあんな音なんでしょうね。

（あ、このまま私、壊れる……）

思った直後、砂嵐は左耳から出ていき、部屋をゆっくり移動すると壁を抜けて外に出ていったんです。


あれって一体なんだったんですかね？

調べても調べても調べても似たような話なんて出てこないし、本当によくわからないんです。

でもきっとあれは今もどこかにいて、意思があるのかないのかわからないですが、今日もどこかで音を出しながら、ただただ移動しているんだと思います。

滝の祠

藤井さんは十年来の怪談仲間だ。

僕のイベントにも遊びに来てくれるし、プライベートで怪談仲間たちと定期的に旅行に行ったり、ご飯を食べに行ったりする時も、レギュラーメンバーと言えるくらい出席率もいいし、僕の怪談仲間には珍しく常識人だ。

そんな藤井さんの地元の友人が、十五年ほど前に体験したという奇妙な話を聞かせてくれた。


「その友達を仮に吉永にしますね？　吉永は大学進学とともに滋賀県に引っ越したんです」

吉永さんの趣味はバイクに乗ることで、大学やバイトが休みの時は同じくバイクを趣味にしている友達とツーリングをしていた。

滋賀県には琵琶湖《びわこ》があるし、隣は京都。北海道出身の吉永さんにとって、目に入るものすべてが新しく珍しい。ツーリングへ行くたびに心の底から楽しんでいた。

「そんなある日、場所は忘れちゃったって言ってたんですけど、ツーリングで友達と滝に行こうってことになったんですよ」

到着した場所は観光地にもなっているのか、自分たち以外誰もいなかったが駐車場が完備されていたためバイク専用駐車場にバイクを駐める。

滝の高さは十メートルほどで、想像よりも滝の勢いが弱かった。

「それでも綺麗だなって滝を眺めていたんですけど、その滝っていうのが岩場みたいな感じで、滝の上によじ登って行けそうだなぁって思ってしまったんですって」

吉永さんが一緒に行った友達に「ちょっと登ってみない?」と誘ってみると、友達が二つ返事でそれを承諾した。

水で濡れて岩が滑りやすくなっているため慎重に慎重に足場を選んで滝を登る。

「あっという間に登り切ってみたら、滝の上にいつ建てられたかもわからないボロボロに朽ちかけている祠《ほこら》があったそうです」

吉永さんと友達は「こんなところにこんなものがあるのか！」と驚き、祠と祠周辺を見てみると、祠の正面にお供え物なのかお賽銭《さいせん》なのか一枚の五百円玉だけが置いてある。

いつからそこにあるのか、その五百円玉はかなり汚れていたそうだ。

「吉永、なんでそんなことしたのか今となっては自分でもよくわからないらしいんですけど、その五百円玉をパクって帰ってきちゃったんですよ」

滝を降りて、駐車場に戻り、バイクに跨る。

夕方にもなっていない十五時過ぎの明るい空の下を友達と二人、バイクで走る。

しかし、行きと違い帰りは何かがおかしい。

「バイクで走っている最中に、二人ともやたらクモの巣に引っかかるって言うんです」

いくら走っているのが山道だとしても、片側二車線の広い車道を走っているのに何度も何度もクモの巣に引っかかるのはおかしい。

しかも、二人は並走しているわけではなく、吉永さんが友達の後ろを着いていく形でバイクを走らせているのだ。

「体とか首とか手とかに絡《から》みつくクモの巣を手で取ったり払いながら、たまり場になっている後輩の家を目指したんです」

山を降りて街中を走っていても、クモの巣が引っかかり続ける。

やっと後輩の家に到着し、お互いに「クモの巣が多かったなあ」などと話をしながら体を確認するが、なぜかクモの巣はついていなかった。

「後輩の家ではもう一人友達が参加して、四人で鍋を食って、おしゃべりして遊んでたそうなんです」

鍋も食べ終わり、片付けも終わり、一段落してそろそろ帰ろうと思った時に、吉永さんは今日のツーリングでの出来事を後輩に話した。

「――っていうことがあって、その祠にあった五百円玉を持ってきたんだよーって、思い出話として楽しく話したんですって」

吉永さんがポケットから件の五百円玉を取り出し、後輩の顔の前に近づけると、

「お前、持ってきたのか‼」

後輩とは思えない口調と剣幕で吉永さんは怒られた。

その後も後輩の怒りは止まらない。

「お前、何を考えているんだ。それ今すぐ返してこい。やって良いことと悪いことの区別もつかないのかよ！」

責められ続け、後輩の命令に従わない限り収拾がつかないような空気が流れる。
時計を見ると深夜の零時過ぎ。今から行ったとしたら自宅に帰る頃には朝になっているのではないか——と思ったが、後輩のあまりの剣幕に、今から返しに行く以外の選択肢はなかった。

「でも、吉永は内心では納得いってないんですよ。こんな時間に行きたくないですし、なによりもめんどくさい。気怠《けだる》そうに友達と駐車場に向かって歩いていたら、後輩が玄関の扉を開けて声をかけてきたんです。『返しに行くのめんどくさいみたいだし、返しに行く必要がないって思うなら写真撮ってみなよ。なんか写るかもよ？』って」

それを言われた吉永さんは、ツーリングに一緒に行った友達と、後輩の家で合流した友達と三人で、アパートの壁を背景に吉永さんが当時使っていたガラケーで後輩に写真を撮ってもらった。

「そしたら、そこにガッツリ女の人の顔が写っていたんですよ」

影がそう見えるとかそんなレベルではなく、輪郭、鼻、目、口とハッキリと女性の顔が写っている。その顔は吉永さんの顔の隣にあり、その表情に優しさはなく、吉永さんのことを横目で睨《にら》みつけていた。

まさかこんなことが、と吉永さんと友達二人は画面を見て恐怖に震えていると、後輩は最初からわかっていたように冷静に言い放った。

「だから言ったんだよ。早く返しに行ってきな」

二人は急いでバイクに跨り、五百円玉を返すために滝に向かって走り出した。

「滝に向かってバイクを走らせるんですけど、霊にとってはすでに五百円玉を盗まれて怒っているわけですから、いまさら返す返さないの問題ではなかったのかもしれないですね」

滝に向かって走っている最中に、吉永さんのバイクのライトが消えてしまったのだ。

「友達が『俺が前を走るから吉永は後をついてこい』って言ってくれて、吉永は友達のライトを手掛かりに後ろをついて走るんです」

視界が狭くなってしまった分、路面状況に意識を集中させバイクを走らせる。

すると次は突然、地面から黒い塊がモコモコと生えてきたかと思うと、吉永さんはソレを踏んでしまって転倒しかけた。

「どうにかバランスを取り直してバイクを停め、何を踏んだのか確認したんですよ」

そこには猫の死体が転がっていた。

そして、この猫の死体に二人とも見覚えがあった。

実は日中に滝に向かう最中にも、この猫の死体を確認しているのだが、その時には車道の脇にすでに寄せてあった。

しかし、先ほど、道路から生えてきたように見えたのは見間違えではない。

「それに、この話を聞いている時に思っていたんですけど、片側二車線の大きな道路を二五〇CC程度のバイクのタイヤがピンポイントで猫の死体を轢《ひ》く方が難しいと思いませんか？」

バイクのライトが消え、猫の死体を轢いて転倒しかけている。

写真に写った女が自分のことを殺そうとしてるのではないか……。

吉永さんは心の中で何度も五百円玉を盗んだことを謝りながらバイクを走らせ、日が昇ってきた頃に滝に到着した。

「もう滝周辺は明るくなっていたから滝にも苦労せずに登れて、無事に五百円玉を返して、精一杯謝って……その後も何事もなく家に帰って来れたんですって」

それから数日後。

　大学の仲の良い人たちの中で吉永さんの体験談が広まり、吉永さん本人がどういう状況だったかを話している時に心霊写真のことを思い出した。

　ポケットから携帯電話を取り出し、カメラフォルダを確認すると、あの時にアパートの前で撮った写真がすぐに見つかった。

「でもね、その写真に女の顔なんて写っていなかったんですって。間違いなく写真を撮った時にその場にいた四人で確認したはずなのに」

　吉永さんは人生で初めて心霊写真が撮れたその携帯電話を、戒《いまし》めのためなのか今でも大切に持っているそうだ。

知らない方が良いこと

ササキさんはチェーンの飲食店に勤めている二十八歳の男性だ。

以前に勤めていた飲食店は、一階が店舗で二階が事務所という造りだった。

札幌駅に近い店だったため、十七時半頃からお客さんが入り始め、終電が出発する前に一気にお客さんが退店する。終電後の店内には一組二組程度お客さんが残り、閉店時間は一時なのだが零時半過ぎにはノーゲストになることが多い。

このタイミングでいつもササキさんの先輩は、二階の事務所に行く準備を始める。

その夜はお客さんが一組残っていたが、ササキさん一人で対応することができると判断した先輩は事務所に行く準備を始めた。

「この後は店、暇そうだから二階で事務作業してくるわ。なんかあったら教えてね」

「はい。わかりましたっ」

先輩が店から出て行くと、最後のお客さんも十五分もしないで退店された。

店の営業時間が終わり、ササキさんは店の締め作業を開始した。

毎日のようにしているため、慣れた手つきであっという間にやることを終わらせて、タバコに火をつける。

時計を見ると深夜一時半。

（のんびりやったつもりだけど、三十分あれば締め作業は終わるんだよな）

あとは二階の事務所で事務作業をしている先輩が下りてくれば、一緒に帰るだけ。

いつもなら一時半から一時四十五分の間くらいに下りてくる。

一本目のタバコを吸い終わり、暇つぶしにメールやSNSをチェックする。

ひと通りメールやSNSに目を通し終わり時計を見てみると、いつの間にか深夜の二時を過ぎていた。

（あれ？　先輩遅いな。なんかミスでもして時間がかかっているのか？）

それからさらに十五分。まだ先輩は下りてこない。

二階の事務所に行ってから二時間以上経過している。

(流石に遅過ぎる……)

もしかして寝ているのではないかと痺《しび》れを切らしたササキさんは、先輩の携帯電話に電話を掛けると、電話はすぐに繋《つな》がった。

「あっ、先輩お疲れ様です。こっちの締め作業終わったんですけど、先輩の方がまだ終わってないいんだったら俺、何か手伝いますよ」

「いや、下りられないいんだよ」

先輩が食い気味に言った。

「え? どういうことですか? 下りられないってどういうことですか?」

「下りられないっていうか、部屋から出られないいんだよ」

先輩の声は焦《あせ》っているように少し早口だが、ヒソヒソ話をしているように小さな声だ。

「マジでどういうことですか? 扉が壊れて開かなくなったとかですか?」

「いや、そうじゃなくて……」

先輩が口籠《くちご》もる。

「わかりました。とりあえずこれから俺が上に行きま——」

「来るな!」

「え？」

話している最中に先輩に遮《さえぎ》られた。

「だめだ。絶対に来ないで」

「いやいや、先輩さっきからどうしたんですか？　扉が開かないなら俺が二階に行って外から開けるか、試してみましょうよ」

「違う。そういうことじゃなくて、廊下に何かがいるから事務所から出られないんだよ」

事務所の扉を開けると廊下が正面に真っ直ぐ伸びていて、その突き当たりにはエレベーターがある。

先輩が言うには、一時半頃に事務作業が終わり、事務所から出ようと扉に手をかけた時に、廊下から人が歩くような音と気配がしたそうだ。

時間を考えると客は帰っただろうから、建物内には自分とササキさんしかいない。

じゃあササキさんか？　いや、店の締め作業をしているササキさんが二階の事務所に来ることはない。

（なら、他に誰が？）

その時、エレベーター前に黒い影がいることに気が付いた。

廊下の電気は点いておらず、ハッキリと姿を確認することができない。だが、どうやらそれが人ではないナニかだと気付くのに時間はかからなかった。

なぜなら輪郭がぼんやりと霞《かす》んで見えるのだ。

それはエレベーター前から廊下を移動し、事務所の前まで来ると、またエレベーター前に移動する。エレベーター前と事務所前を行ったり来たりするのだが、事務所の扉の前に来ても、黒い影のままで、やはり輪郭はボヤけている。

「そんな、意味のわからないものが廊下を徘徊《はいかい》しているから出られないんだ。あと、もしササキが二階に上がってきて、あの黒いのと遭遇した時に何かあったら嫌だから絶対に来ないでくれ」

先輩の声は震えていた。

「わかりました。それなら俺、このまま下で待ってるんで、下りられるようになったら下りてきてください」

電話を切ってからはササキさんも気が気じゃなかった。

もしかしたら、今二階にいる黒い影が下にくるかもしれない……。

今か今かと待っていると、電話を切ってから大体一時間後に先輩は下りてきた。

先輩に駆け寄ると、先輩の顔は真っ青で、恐怖というよりは疲れ切った表情を浮かべていた。

「……大丈夫でしたか？」

「大丈夫じゃないよ。電話を切ってからもずっと黒い影が廊下を徘徊してるんだから」

ここでササキさんはあることに気がついた。

「先輩、黒い影を見たってことは、事務所の扉を少し開けて、廊下の様子を見てたってことですよね？」

「いや、扉は一切開けてない」

「え？　だったら黒い影が見えるわけないじゃないですか」

なぜなら事務所の扉は分厚い鉄製で曇りガラスや覗き穴はついておらず、インターフォンや防犯カメラなども事務所にはない。

「扉を開けなくても見えるんだよ。見えないはずなのに見えるんだ。わかるんだよ。廊下を黒いぼんやりとした影が徘徊してるのが……」

先輩の顔は真剣そのもので、嘘をついているようには見えない。

「もう、いなくなったんですか？」

「今はもういない。いなくなったのがわかったから下りてきたしな。でも、俺はもう二度と夜深い時間帯に二階の事務所には行かない」

「そうですか……。とりあえず帰りましょうか」


この日から先輩は深い時間に事務所に行くことはなくなり、明るいうちに事務所に行くか、店内の隅で事務作業をするようになった。

そのような先輩の状態はしばらく違和感があったが、やがて当たり前になる。

そしてササキさんも深夜に二階の廊下に現れた黒い影の存在を、いつの間にか忘れてしまっていた。


そんなある日、ササキさんは新店舗立ち上げの主要メンバーに選ばれた。

ササキさんはすぐに新店舗に移動になり、バイトの面接といった今までしたことのない仕事が増えて残業が多くなった。二十三時過ぎに新店舗の仕事を終えると店を閉め、そこから、前にいた店舗の二階にある事務所に移動して、連日深い時間まで事務作業をしてから帰る日々が続く。

最初のうちは慣れない作業ということもあり、体力や精神的にキツイ部分もあったが、三ヶ月も続ければすっかり慣れて、難なく仕事もこなせるようになっていた。

(よしっ！　今日も事務作業終わり！　さっさと事務所を出て家に帰ろう)

鞄に必要な書類などを入れ、忘れ物はないかデスクの上を確認する。

そして、カバンを持ち上げようとした瞬間だ。

カバンの持ち手の留め具が外れて床に落ちた。しかも、チャックをちゃんと閉めていなかったため、カバンの中身が半分以上、床に散らばってしまった。

(最悪だ……)

床に散らばった書類やペンケースをしゃがんで拾う。自分以外に誰も事務所にいないため、書類を拾う音でさえ大きく聞こえる。

(あっ、そういえば……)

なぜか唐突に、数ヶ月前に先輩が言っていた黒い影の話を思い出してしまった。

ゾワッと全身の毛が逆立つ感じがした。お腹なのか背中なのかはわからないが、とにかく体の中心から全身に向かって鳥肌が広がる。

(やばっ、急に怖くなってきちゃった……)

早く帰ろうと、落とした物を片付けるスピードを上げる。

しかし片付け作業をしている最中に手に取った書類を見て、どうしても今日中にやっておかなければいけない事務作業を思い出してしまった。

(最悪だよ……)

ササキさんは、仕事を再開するために自分で自分の機嫌を取ることにした。

恐怖心さえなくなれば仕事はすぐにでも再開できる。安心すれば良いのだ。

どうやったら安心できるのか？　そんなのは簡単。

黒い影がいないことがわかれば、安心できる。

ササキさんは事務所の鉄の扉に手をかけ、ゆっくりと扉を押す。


ギギーーイッ……


重たい扉の開く音が廊下と事務所、そして、ササキさんの体に響く。

(大丈夫。そんなのがいるわけがないんだ)

そう自分に言い聞かせ、恐る恐る扉の隙間から廊下を見る。

……何もいない。事務所からエレベーターに続く廊下には何もいなかった。

(そりゃそうだ。いるわけないいんだ。というか、いたとしても霊感のない俺には見えるわけもないじゃないか)

いないとわかればこっちのもの。

扉を閉め、すぐに仕事のスイッチに入れ替え、残った事務作業を開始しようとパソコンの電源に手を伸ばす。


カツーン……カツーン……カツーン……


廊下を底の硬い靴で歩く音が聞こえる。すぐさまササキさんの手が止まった。

(いや……こんなのありえないだろ)

廊下からこんな足音がするわけがない。

なぜなら廊下にはマットが敷いてあるのだ。

(どうしよう。下に誰かいるかな?)

時計を見てみると深夜二時半過ぎ。こんな時間ならこのビルには自分しかいない。

足音が聞こえなくなるまで、この場で耐えるしかない。

ササキさんは廊下から聞こえてくる足音に意識を集中させる。


カツーン……ズルッ…カツーン……ズズズッ…カツーン……ズルル…


足音以外に何かを引きずるような音が聞こえる。

ササキさんはその音でさらに恐怖をかき立てられた。その恐怖心を誤魔化すために、こんな深い時間で出るかもわからないが、とある人物に電話をした。

その相手は、その後、突然退職してしまった、この現象の体験者である先輩だった。

プルルルルッ　プルルガチャッ

二コール目の途中で電話が繋がった。

「もしもし先輩！　夜分遅くにすみません。今大丈夫ですか？」

「おー、ササキ久しぶりだな。どうしたこんな深い時間に？」

先輩の声を聞いたことによって、自分は一人じゃないと少し安心する。

「実は今、事務所にいるんですけど、先輩が数ヶ月前に言っていた黒い影が廊下を徘徊しているって話、覚えてますか？」

「おう……もちろん覚えているけど、それが？」

「僕、今事務所にいるんですけど、たぶん先輩が言っていた黒い影が廊下を徘徊しているんです」

電話越しだが、先輩が固くなったのを感じた。

「それで聞きたいことがあるんですけど、先輩あの時、足音が聞こえたって言っていましたけど、足音以外にも何かを引きずるような音を聞きませんでしたか？」

「……聞こえた。でも、それ以上は探るな。あれは知って良いことは何もない。あとは、事務所でジッとしていたらいつか気配と音がしなくなるから、そしたら帰ればいいよ」

先輩は一方的にそう言うと電話を切った。

「匠平さん、こんなことがあったんです！」

ササキさんが中途半端なところで話を終わらせた。

「そこで話終わったってことは、無事に帰れたってことだよね？」

俺の言葉にササキさんは頬杖《ほおづえ》をついて笑った。

「無事に帰れたからここにいるんじゃないですか。でも、匠平さん。俺も匠平さんに負けず劣らずで、怪談好きだっていう自負があるんですよ」

それは知っている。たぶんっていうか絶対に俺よりも怪談詳しいし、好きだと思う。

「だから、先輩との電話が終わった後はずっと扉の前に立って、その音と気配に変化が起きないかと聞き耳を立てていたら『バンッ‼』って、一回だけめちゃくちゃ強い力で扉を殴られて――その直後に気配も音もしなくなったんですよ」

「なんでそんな挑発的なことしちゃうかな？」

俺が呆れて笑っていたら、ササキさんも笑い出した。

「ハハハッ！　だって、先輩の言葉が気になったんですもん。『あれは知って良いことは何もない』ですよ？」

きっと先輩は何かを知っているんです。

山菜採りのマナー

五十代後半の男性、日村さんの趣味は山菜採りだ。

北海道では冬は山菜採りができないが、春夏秋は二週間に一度のペースで趣味の山菜採りに精を出すという。


日村さん曰く、山菜採りにもルールやマナーがあるという。

例えば、山は大体所有者がいるため、事前に所有者に連絡をして許可を取ってから山菜を取りに入ること。これをやらなければ、場合によっては窃盗罪と不法侵入で警察に逮捕されてしまうのだ。

他にも、先に山菜を採っている人の近くで山菜を採ってはいけない。

山の中で人とすれ違う時や目が合った時には「こんにちは」などと挨拶をする、などがある。

このルールやマナーは揉め事が起きないようにするためはもとより、遭難者を出さないよう行うものらしい。

「ここ最近では、そういうルールやマナーを知らない人たちが増えてきたから山の治安はだいぶ悪くなってしまったけどね」

日村さんは肩をすくめて軽く眉間《みけん》に皺《しわ》を寄せた。

「あ、今の話で思い出したけど、数年前に山菜採りをしていた時の話なんだけど——」


数年前の春の出来事である。

日村さんはその日の早朝、札幌市南区小金湯《こがねゆ》のとある山に、行者ニンニクを採りに行った。

行者ニンニクとは別名キトビロとも呼ばれるユリ科ネギ属の多年草であり、北海道では四月中旬から五月いっぱいまでを旬とし、ニンニクのような独特の香りと味、そして、シャキシャキと歯触《はざわ》りの良い食感が特徴の山菜である。食べ方としてはバター炒めや天ぷら、醤油《しょうゆ》漬けなどが一般的で、北海道ではジンギスカンと一緒に食べる機会が多い。

日村さんはこの行者ニンニクが大好物であり、毎年自分用と、お世話になっている人におすそ分けできる分だけを採っている。

小金湯に到着すると、車から必要な荷物を取り出し、早速山の中に入っていく。

急な斜面を下りていくと目の前には川が流れていて、雪解《ゆきど》け水により夏や秋と比べて増水しており流れも速い。

川沿いを川上に向けて歩きながらポイントを探す。

冬眠明けの熊に遭遇しないよう、一分置きくらいの間隔で熊よけのホイッスルを吹く。

カバンには熊よけの鈴もつけ、中には用心のため熊よけのスプレーも入れてある。

山に入って一時間ちょっと歩いた先で対岸に人影を見つけた。

立ち止まってよく見てみると、帽子を被《かぶ》ってベストを着た男性で、木陰からジッと川の流れを見ているようだ。

（格好を見る限り、釣り人かな？）

対岸といえども数メートルしか離れていないため、日村さんはその男性の前を通り過ぎる際に挨拶をした。

「おはようございます！」

しかし男性は聞こえていないのか、なんの反応もない。

（よっぽど集中しているな）

必要以上に声を掛けて、うるさいと思われるのも癪《しゃく》なので、日村さんはその男性を横目にさらに川上に向け歩き出した。

山に入ってから二時間ほど経過した頃、やっと行者ニンニクが大量に自生している場所を見つけた。持っていった袋にどんどんと刈り取った行者ニンニクを入れていく。

自分と人にあげられるだけの量、袋の三分の二ほどが確保できたため、山を下りることにした。

帰り道こそ油断は禁物。行きよりも一層周囲や足元を警戒しながら、来た道を戻っていく。

（あと一時間もすれば山から出られるかな）

大体の現在位置を確認するためあたりを見渡してみると、数時間前に対岸で川を眺めていた男性が同じ場所に立っているのが視界に入る。

（釣り人って忍耐強いな）

日村さんは釣りの邪魔にならないようにと、なるべく足音を立てないようにゆっくりと歩き、男性の前を通り過ぎた。

ふと、男性がどんな釣竿を使っているのかが気になり、男性の方を振り返った日村さんは、ぎょっとして思わず固まってしまった。

朝、見かけた時は木の陰ではっきりわからなかったが、日の光の角度が変わったことにより、男性のいた位置に日が当たり、どういう状況かが露《あら》わになった。

その男性は釣り人ではなく、首吊り自殺をした死体だったのだ。

日村さんはすぐに警察を呼び、現場の状況を説明したり、警察の取調べに協力し、夕方の五時過ぎにやっと帰宅した。

慣れないことでクタクタになった体に鞭《むち》を打ち、行者ニンニクの下処理をする。

すべてが終わった頃には二十時近くになっていた。

（まだ早いけど今日は風呂に入って寝よう）

例年なら採りたての行者ニンニクを肴《さかな》に一杯呑むのだが、そんな体力も残っていなかった。

風呂から上がり寝間着に着替え、リビングのソファーに座る。

そこから寝室までの距離が数キロに感じるほど、移動するのが面倒臭い。

（いいや。このままここで少し寝よう）

ソファーに横になり、目をつぶるとすぐに意識が遠のいていく。


「ありがとう」


耳元で男性の声が聞こえて、飛び起きた。

（え？　なんだ）

家には自分以外おらず、テレビもついていない。

（あっ、そういうことか）

一瞬ですべてを理解した。

「どういたしまして」

日村さんは、声の主がまだそこに居るのか居ないのかもわからなかったが、声が聞こえた場所に頭を下げ、寝室に向かった。

ゲレンデの魔物

札幌にある某スキー場でインストラクターをやっている、矢吹さんという三十代前半の男性から聞かせていただいた話。

この話は矢吹さん本人から聞いている体で読んでいただきたい。


俺、冬の期間は毎年札幌のあるスキー場で、スキーとスノーボードのインストラクターをやっているんですよ。

バスツアーで来た人とか、スキー授業で来た小中高生を担当することが多いんです。

生徒さんからはよく「技術を人に教えるのって大変なお仕事ですよね」みたいなことを言われるんですけど、俺は人にものを教えるのが好きだから大変だって思ったことはないんです。だって、他にも大変な仕事はありますからね。

インストラクターって生徒に技術を教えることだけが仕事じゃないんですよ。ゲレンデの状態を確かめるために、どれだけ悪天候でも何本もコースを滑ったり、重機を扱える免許があれば駐車場の除雪や、スキー場内でけが人が出たら応急処置をすることもあります。

スキー、スノーボード、スノーモービルに乗って、コース内だけじゃなくコース外も巡回したりするんです。

今シーズンも、コース外で沢に落ちて亡くなった人が発見されたばかりです。

発見された当時、沢の中で立ったまま死んでいたらしいですからね。

ここだけの話、毎年のように人が死んでるんですよ。

俺の働いているスキー場は人が死にすぎているんです。

そのせいで、幽霊っていうか「魔物」が出るって言われていて、俺はそれを一度見たことあるんです。

営業時間が終了した後、利用者が残っていないかゲレンデを滑りながら見回りをするんですよ。

営業終了後ですから、メインの照明が消えた暗いゲレンデを滑って行くんです。

俺の担当は初心者コースで、その日もあたりを見渡しながら滑っていたら、ゲレンデ脇の林の中を俺と同じスピードで何かが並走してくるんです。

俺が滑っているゲレンデは暗いんですけど、場所によっては外灯みたいなものがあって、林がところどころ照らされているんです。

その外灯がある場所なら、並走している何かがはっきり見えると思って、見てみたんです。そしたら……。

ジブリ作品の『もののけ姫』って見たことありますか？

冒頭で「祟《たた》り神」って呼ばれている、黒っぽい塊の、めちゃくちゃでかいクモみたいなの出てくるじゃないですか？

あれがいたんです。あれが僕の真横を並走しているんです。

見間違いとかじゃなくて確実にいるんですよ。

今さら言うのもなんなんですけど、俺、昔から霊感が強くて、いろいろと見たことはあったんですよね。

でも、あんな意味のわかんないのは見たことないですから。

必死になって滑っていって、全コースが合流する場所があるんですが、そこまで行くと、ずっと並走していた謎のやたらでかい黒い塊がパッと消えたんです。

林からこっちには出てこなかったんですよ。

慌てて事務所に戻って、俺の霊感が強いことを知っているマー君って先輩がいるんですけど、その出来事を話したんですよ。

あ、ちなみにマー君も霊感が強いんですけど、俺が話し終わったら、

「あれは霊とかじゃなくて魔物だよ。○○を越えたあたりから合流地点まで並走してくるやつでしょう？　マジであれはヤバいから。矢吹は見回りのコースを変えた方がいいね」

マー君に言われたんです。

そしたら俺、次の日から営業終了後もライトで照らされているコースの担当になっていたんですよ。

マー君は俺よりも霊感が強いですからね。あの魔物の本当の正体を教えてくれました。

……でも、これは俺の口からは言えません。

ハードパンチャーおじい

札幌市在住の三十代女性。

かおりさんから聞かせていただいた話。

この話はかおりさん本人から聞かせていただいたという体で読んでいただきたい。


私の地元って北区新琴似《しんことに》にあるんです。

札幌市内に住んでいる人だったら地元が新琴似って聞くだけで「あー、治安悪いところだねぇ」とか「てことは元ヤン?」とか、散々な言われ方をします。

いや実際問題そういう場所なんですけど、私自身がめちゃくちゃ荒れていたとか、ド不良だったたっていうことはないんですよ。

だけど、周りにはいわゆる不良って呼ばれている人たちがたくさんいるわけで、そういう友達や先輩と遊んでいると自分自身不良になっているつもりも何もないんですけど、遊び方は不良と変わらなくなっちゃうんですよね。

ですから私、中学一年生の夏くらいから夜遊びを覚えたんです。

実家の斜め向かいに住んでいた幼なじみと一緒になって夜遊びをしまくっていたんですけど、私よりも早く幼なじみが夜遊びに飽きを感じてしまったみたいで、付き合いが悪くなったんですね。

でも、私はまだまだ夜遊びしたかったから、幼なじみが落ち着いてからも夜遊びを続けました。毎日毎日、先輩や友達の家に遊びに行ったり、公園にたむろしたりして帰るのも毎日朝方――。

こんな生活をしていればもちろん、パパやママから何度も何度も説教受けていたんですが、反抗期ってやつでしょうね。当時の私はまったく聞く耳を持たなかったんです。

その日は夜中に先輩の家に遊びに行き、未成年のくせしてお酒を飲んでベロベロになって帰宅しました。

朝といっても五時過ぎで、家族はみんな寝ています。

私の寝室はお姉ちゃんと共用で、二段ベッドの下がお姉ちゃんで上が私でした。寝ているお姉ちゃんを起こさないように自分のベッドに上り、掛け布団をかけて横になったんです。

私ってどうやらお酒が強いみたいで——当時から強かったんでしょうかね。始めは酔いに身を任してそのまま眠りにつこうと思ったんですが、なかなか寝付けないんです。そしたら次は酔いが覚めてきて「あー、寝られない。ていうか自分酒臭っ」とか、思っていたら——。

「コラァッ！！！」

ものすごい大きな声で怒鳴《どな》られた後に、ゴツンッて頭にものすごく重くて硬いものがぶつかって。そのあまりの衝撃に私、脳震盪《しんとう》でも起こしたんでしょうか、気絶をしてしまったんです。

数時間後に目を覚ましてからも頭がぐわんぐわんしていて、これが二日酔いってやつかなーって思いながら、意識が飛ぶ前のことを思い出していたんです。

すごい大きな声で怒鳴られた後に「ゲンコツ」されたんだよなぁって。

あれ？　って思ったんですよ。

なんで今になって、ゲンコツされたって思ったんだろうって。

そしたら昨日の怒鳴り声が脳内再生されたんです。その声って大きいパパ（お祖父《じい》ちゃん）の怒鳴り声だったんですよ。

大きいパパは昔ながらのお父さんって感じの厳しい人で、悪いことをすれば怒鳴ったり、ゲンコツは当たり前だったんですよ。

だけど、大きいパパはその時にはすでに亡くなっていたんです。ちょうどその出来事の一年くらい前に。

私、夜遊びし過ぎて大きいパパに叱られたのかもしれないなぁって思いながら、カレンダーを見てびっくりしたんです。

だってその日がちょうど、大きいパパの誕生日だったんですもん。

やっぱり大きいパパが、親の言うことを聞かないで夜遊びばかりしている私を怒鳴りつけてゲンコツしたんだ！　と、真相にたどり着いた気がしました。

でも、ですよ？

いくら私が大きいパパからすれば夜遊びばかりをする不良だからといって、脳震盪起こすほどのゲンコツ、しますかね？

生前の大きいパパからも、悪いことをするたびに何度もゲンコツをされて視界がチカチカすることもありましたが、この時のゲンコツが一番の威力だったと思っています。

でもきっと、あんな風に怒ってくれる大きいパパのおかげで私は今、体だけではなくて、精神的にも大人になれたんでしょうね。

ぶーさん

ぶーさんは僕が飼っていた猫の名前だ。

正式には「ぶー」という名前で、猫種はベンガル。

とても人懐っこい猫で、初対面の相手にも喉《のど》をゴロゴロ鳴らしながら挨拶をする。

テレビを見ていたら、画面の前に居座って僕の視線を独り占めしようとするし、撫でて欲しい時は僕の足や体を上ってきて、撫でられるまでゴロゴロ喉を鳴らし続ける。そして撫でてあげると一層ゴロゴロ言う。

僕が寝ている時に相手をして欲しくなったら、シャウシャウ言いながら俺の髪の毛をかじり、目を覚ますと布団の中に入ってきて、腕やお腹を舐《な》めてくる。舐めてくれるのはすごい可愛いと思うし、嬉しくもあるのだが、ぶーさんの舌はヤスリくらいザラザラしていて舐める力も強いから、めちゃくちゃ痛い。

あと、慢性鼻炎でしょっちゅうくしゃみをしているし、歳をとってからはたまにお尻にうんこがついていたがそれも可愛かった。

そんなぶーさんが去年（二〇二一年）の十二月二十七日に死んでしまった。

享年十五。

長生きをしてくれたのかもしれないがもっともっとたくさん一緒にいたかった。

死んでしまう二日くらい前から本格的に具合が悪くなったのか、ちゃんと寝ることもできないし、水を飲むのもやっとだった。おしっこやウンコがしたくて重たい体を動かしてトイレに行っても、体に力が入らなくて上手にすることもできない。

そんな状態のぶーさんに何かをしてあげたかったが、病院から貰った薬を飲ませること以外どうすることもできなくて、苦しそうにしているぶーさんを見ているのが本当に辛かった。

ぶーさんが息を引き取った後、この二日間ろくに眠れなかっただろうし、ぶーさんがゆっくり眠れるようにベッドを作って、ベッドの中にはぶーさんが好きだったお菓子やご飯やおもちゃをたくさん入れた。

「おやすみ。また明日ね」

そう言って僕は寝室の布団に横になった。

ぶーさんは幸せに暮らせたかな？　虎次郎（柴犬）はぶーさんがいなくなったことに気が付いているのかな？　明日は火葬してあげなきゃな。

頭の中はぐるぐるぐるぐるぐるとぶーさんのことばかりが巡る。

目をつぶっていると余計に眠れなさそうだった。

目を開けて掛け布団を見れば、ぶーさんの毛がついている。これからはどんどん毛を見る機会も減っていくのだろう。そう思ってまた少し寂しくなった。

布団に入ってから一時間近く経過した頃、足元でぶーさんが立ち上がる気配がした。

ぶーさんの足腰が弱くなってからは、僕が寝ている布団の足元にぶーさんが寝るためのマットレスを敷いて、壁際にトイレを置いていた。

（あっ、ぶーさんだ）

もちろんさっき、息を引き取ったことはわかっている。

でも、今足元で立ち上がったのは間違いなくぶーさんなのだ。

（重たい体から解放されて、久しぶりに自由に家の中を動きまわるのかな？）

次の行動が気になり聞き耳を立てていると、ザリザリッと猫砂を踏みしめる音が聞こえた。どうやらトイレに行ったようだ。

シャーーーーーっという、聞き慣れたおしっこの音が寝室に響く。

おしっこをし終わり、ザリザリザリッと猫砂をかいて片付ける音まで聞こえてきた。

今起き上がってトイレの方を見れば、ぶーさんの姿を見ることができる。僕は最後にぶーさんの姿を見たいという一心で布団から起き上がろうとした、その時だ。

（あー、ぶーさんは姿を見られたくないのかも……）

なぜだかわからないが、ぶーさんが姿を見られたくないと警戒しているような気がして見るのをやめた。

その後もトイレからはザリザリと猫砂をかく音が聞こえたが、トイレをきれいにし終わったのかピタリと音がやんだ。


それから約一ヶ月後。

吉本興業所属の霊視芸人『シークエンスはやとも』君とＹｏｕＴｕｂｅのコラボ動画

を収録させてもらった。

その収録の最中に、ぶーさんが死んでから僕の霊感が強くなったかもしれないという話をしている時に、フッとこのことを思い出していた。

「起き上がればそこには確実にぶーさんがいるのがわかったんだけど、ぶーさんが姿を見られたくなさそうだったから見なかったんですよ」

すると、はやとも君が考える間もなく、当たり前のようになぜ、ぶーさんが姿を見られたくなかったかを教えてくれた。

「動物って亡くなった後、飼い主さんに姿を見せたくないんですよ。なぜなら亡くなった後の姿を見て、飼い主さんが死を受け入れた瞬間からその場に居られなくなるんです。供養して成仏を願うのはもちろん大切ですし、そうしないと最終的にはかわいそうなことになってしまうんですけど、亡くなってすぐ、せめて四十九日が過ぎるまでは、少しでも大好きな飼い主さんの近くにいたいって思っているんですよ。だから見なくてよかったんですよ」


ぶーさん、今までありがとう。これからも大好きだよ。

ナビの目的地

僕が仕事でお世話になっている、都内在住の兼田さんから聞かせていただいた話。

この話は兼田さん本人から取材した体で読んでいただきたい。


俺、東京都北区に住んでいるんです。

それで普段からよくカーシェアを利用しているんですけど、あれって便利なんですよね。スマホでいつでもすぐに借りられて安いですし、特に都内では車を買うと高い駐車場代もかかります。

基本的に移動は公共の交通機関で事足りるじゃないですか？　だから、俺みたいに、たまに車に乗る人にとっては経済的にも助かりますし、本当にめちゃくちゃ便利なサービスだと思っているんですよ。

家の近くにも車が置いてあるステーション――駐車場が、幾つかあるんですけど、最近、家から線路沿いを歩いて五分くらいの、さらに近いところに新しいステーションができたんです。

ある日の夜、会社に荷物を取りに行く用事があって、試しにその新しいステーションから車を出して、会社に向かったんですよ。

いつもワイヤレスでスマホをカーコンポに繋いで、ダウンロードしてある音楽をかけながら運転するんです。

そのステーションから会社までは三十分くらいの距離なんですけど、十分くらい走ったあたりから、電波状況なのか接続が悪くなったのか、流れる音楽が途切れ途切れになってきて。

やがてスピーカーから聞こえてる音が「ぅあ……ぅあ…」と人が唸《うな》るみたいになったんですよ。誰もが一度は経験したことあると思うんですけど、CDで音飛びして詰まって流れるような、あんな感じですね。

俺って楽観的っていうのか、あまり物事を深く考える方ではないんですけど、なんだかその時は気持ち悪かったんで、音楽を切っちゃったんです。

音飛びだとしても「ぅあ……ぅあ…」みたいに聞こえる曲あったかなあ、とか思ったりして。

そして、会社に着いたらさっさと荷物を積み込んで、さあ帰ろうと運転席に座って、エンジンを掛けた。またスマホで音楽をかけようと思ったんですけど、なんとなくワイヤレスで操作しない方がいいかなと思い、ダッシュボードから出ているケーブルにスマホを差して、音楽をかけることにしたんです。

帰りも行きと同じ道を走っていきます。

車を返却するステーションの近くまで来た時、カーナビの案内がおかしいことに気付きました。カーナビにはそのステーションが目的地として登録されているのに。

自宅とそのステーションがあるエリアは住宅街で細い路地も多いんですけど、返却するステーションは大通りから入って比較的すぐのところ。

なのにカーナビは、なぜか住宅街をぐるっと大回りをさせて、目的地からほんの少しだけピンがズレたところに案内しようとするんですよ。

カーナビって誤作動なのか、変な道案内というのか、「なんでそのルート走らせるの？」みたいなこと結構あるじゃないですか。

変な道を案内するなと思いながらも、家の近所ですから道もわかっているし、カーナビを無視して運転していたんですけど、都度都度、大回りする道を案内する。

あまりにもしつこいんで、電源を切ろうかなと思った時に、ちょうど車を返却するステーションに着いたんです。

（よし、無事に到着。荷物下ろして帰ろ）と、シートベルトを外してエンジンを切った瞬間ですよ。


バンッ！　バンッ！


突然、車の後ろの方を思いっきり叩かれる音がしたんです。

「うわぁっ！」

思わず一人で声を上げて、めっちゃビビりながら振り返ったんですね。

最近の車って、エンジンを切ると車内灯が全部点くんです。車内がめちゃくちゃ明るいと、暗い外の様子は何も見えないんですよね。

夜十一時くらいでしたけど、住宅街の中でひっそりとしているのに、誰かいたら怖いし、いなくてもそれはそれで怖いじゃないですか。

なので、何かあってもすぐ降りてその場を離れられるよう荷物をまとめて抱えてから、思い切って社内灯を消して周りを窺《うかが》ったんです。

……誰もいないんですよ。

そこで一気に全身ぶわっと寒気がして、車を飛び降りると急いで家に帰ったんです。

後日、気になって事故物件公示サイトの「大島てる」でその場所を見てみたんですよ。

そしたら、そのステーションには何もなかったんです。

よかったーって思いながら、よせばいいのにホッとしたからなんでしょうね、その周囲では何もないかなーって見ていたら、横を通る線路を挟んで向かい側の建物に炎のマークがついている。

つまり何かがあったってことなんですけど詳細を見てみたら、今年（二〇二一年）の五月に「病死？　で一週間ほど放置」って書いてあったんですよ。

そこで人が死んでいるらしいんですよね。

そして、ステーションも、できたのが五月なんですよ……。

もっとよく見てみると、マークがついていた建物、とあるタクシー会社の寮になっていたんです。

そこで「あ……」ってあることを思い出して、またぞわっとしました。

あの夜、カーナビで案内されていたルート、あの何回も大回りさせようとしたルートですよ。あの行き先って、そのタクシー会社の車庫があるところなんですよね……。

俺がナビ通りに目的地に行かなかったから、怒って窓を叩かれたんですかね？

もし、ナビ通りにそこへ着いたら、俺はどうなってたんすかね？

父が怒鳴ったのは……

　怪談仲間の三浦さんと初めてサシ飲みをした。

　三浦さんはイベントの楽屋に差し入れで、エナジードリンクを大量に買ってきて出演者に翼を授けたり、エンジンを掛けてくれたりするロックな四十代だ。

　立ち飲み屋で豚串を食いながら、男同士だからこそできるようなくだらない話で盛り上がっていた。

　ちょうどこの本の執筆の期間中だったため、会話が落ち着いたタイミングで何か怪談話はないかと聞いてみた。

「俺の体験談ではないけど、知り合いの女の子の体験談ならあるよ」

　そう言って三浦さんは話してくれた。

三十年ほど前の話だそうだ。

あゆみさんが小学校に入学する頃に、父親の仕事の関係で札幌から父親の実家がある稚内《わっかない》に引っ越すことになった。

父親はもう稚内から異動になることはなかったため、この土地に改めて骨を埋めるつもりで新築二階建ての一軒家を建てた。

引っ越してから一ヶ月ほど、父親や母親の親戚がお祝いに来たり、父親の仕事仲間や友達もお祝いがてら遊びに来たりして毎日家が賑わった。


その日も父親の友達や後輩が家に遊びに来ており、二階にある一室で麻雀をしていた。

あゆみさんは麻雀のルールを知らないが、父親や父親の友達たちが楽しそうにしている空間が居心地が良く、父親のあぐらをかいた膝《ひざ》の上に座り、意味もわからないままに麻雀牌が卓の上を移動する様子をひたすら目で追う。

六歳の女の子にはまだまだ麻雀は早かったのだろう。麻雀というものをまったく理解できないまま、いつの間にか父親の膝の上で眠ってしまった。

目を覚ましたのは深夜の一時過ぎ。

父親の後輩のマナブおじさんが「うわっ、もう一時過ぎてるじゃん！　そろそろ帰らないと！」と言ったことを記憶している。

なぜそんな些細な出来事を覚えているかと言うと、あゆみさんはマナブおじさんになついていた。マナブおじさんは札幌に住んでいる時も、毎月のように家に遊びに来て、あゆみさんの遊び相手をしてくれたからだ。

今ほど飲酒運転がうるさくない時代で、なおかつ稚内は田舎である。

家に遊びに来ていた父親の友達たちも麻雀をやめて、全員飲酒運転でそれぞれの家に帰っていった。

次の日――。

二階にある自分の部屋で眠っていると、どうにも一階のリビングが騒がしい。

子供ならではの目覚めの良さでベッドから飛び起き、階段を駆け下りてリビングに入っていく。すると父親と母親の二人がどこかに電話をしていた。

「わかりました。もし見つけたら連絡ください」と神妙な面持ちで電話を切る。

父親と母親の緊張した雰囲気から、何かあったと思ったあゆみさんは恐る恐る父親に聞いてみた。

「何かあったの？」

するとと父親は、あゆみさんを怖がらせないような優しく落ち着いた声で答えた。

「マナブが家に帰ってきてないって、奥さんから今朝早くから連絡が来て、お父さんとお母さんと二人でマナブのことを知っている人たちに『マナブがどこにいるか知っていますか？』って電話して聞いていたんだよ」


マナブおじさんは帰り道に、車の事故で亡くなっていた。

自宅は海沿いにあるのだが、どうしてハンドル操作を間違ったのか、海に車ごとダイブしてしまったので、海中の車内からマナブおじさんは見つかった。

葬式とお通夜に父親と母親とあゆみさんは参列した。

葬式とお通夜が終わった一週間後。

あゆみさんが二階の自分の部屋で眠っていると、なぜだか夜中に突然目が覚めた。

しかし、意識はあるが、目を開くことができない。

目を擦《こす》ろうとするも手を動かすこともできない。

父親か母親に助けてもらおうと声を上げようとしたが、声も出なかった。

金縛りだ。

しかし、当時のあゆみさんは金縛りというものを知らなかった。

何もすることができないのは恐怖でしかない。

動かない体でもがきながら、どうすれば体が動くようになるのかと考えていると部屋の扉越しに階段を上る音が聞こえてきた。

父親か母親が自分の様子を見にきたんだと思い、動かない体にさらに力を込め、出ない声を喉から絞り出そうとしていると……。

（寝ているふりをしなきゃ）と、なぜだか思った。

息を潜めると、扉の向こう側からは階段を上る音が近づいてくる。


どちゃ…びちゃ……どちゃ…びちゃ……


濡れた衣服を着たまま歩くような音。

びちゃ…びちゃ……ポタポタポタ……

その音が扉の前で止まると、水が滴《したた》るような音が聞こえ始めた。

（こわいこわいこわいこわい……）
父親や母親ではないナニかが部屋の前にいる。
（お願いだから部屋の中に入ってこないで！）

ピンポーン

唐突に玄関のインターホンのチャイムが鳴る。
その瞬間、あゆみさんの金縛りは解け、ベッドから上半身だけをガバッと起こすことができた。

ピンポーン

再びインターホンが鳴る。
時間は何時だかわからないが夜中なのは確かだ。
一体誰が来たのか気になったあゆみさんは部屋の扉を開けた。

あゆみさんの部屋は、扉を開けたら目の前に階段がある。階段を下りるとその正面が玄関だ。部屋から出て階段を見下ろすと、下には玄関前に立つ父親の後ろ姿が見えた。

父親の姿を見たことに安心したあゆみさんは、階段を下りようとする。

すると、あゆみさんの気配に気が付いた父親が、振り返ることもせず大きな声で、

「来るなっっ‼」

と怒鳴った。

（え、どうして？）

今まで一度も父親に怒鳴られたことがなかったあゆみさんは一瞬その場で固まったが、先ほどの恐怖心から父親に甘えたい一心で再び階段を下りようとする。

「あゆみ！　こっちに来るなっ‼」

父親がまた怒鳴った。

あゆみさんは驚きのあまりその場から動くことができなくなり、ただその場でじっとしながら父親の様子を窺っていると、玄関の扉が開いていることに気が付いた。

（玄関にやっぱり誰かいるんだ）

こんな夜中に誰が来たのだろう？　お父さんの友達かな？

あゆみさんはその場から動くことはできないが、どうにかして家に来た誰かを見ることはできないかと考えていたら父親が玄関に向かって話し出した。

「マナブ、帰れ……マナブ、帰れ」

(え？　マナブおじさん？)

マナブおじさんはこの間、亡くなったはず。

父親と母親と一緒に一週間前に葬式と通夜にまで行っているのだ。

「マナブ、帰れっ……マナブ、帰れっ！」

父親の声が大きくなる。

……バタンッ

玄関の扉が閉まる音が聞こえた。

父親がくるりと振り返った。

「もう遅い時間だから寝なさい」

そう言うと階段を上り、あゆみさんを部屋に連れていき、布団を掛けると父親は部屋から出ていった。

(あれは一体なんだったんだろう)

考えている間に、いつの間にか眠ってしまっていたらしく、気が付くと朝の七時過ぎだった。

学校に行く準備を始めるため、部屋の扉を開け、踊り場から階段を下りようとしたときに視界に入ったものがある。

(あ……昨日のこと夢じゃない……)

踊り場と階段には水が乾いたようなあとが点々と残っていた。

(そうか。やっぱりマナブおじさんが来てたんだ……)


あゆみさんはマナブおじさんの姿を実際には見ていない。

父親が止めてくれたからだ。

しかし父親はマナブおじさんの姿を間近で見ているはずだ。

家の中に残された水の跡を考えると、きっとその姿は……。

幽霊テナント

美優ちゃんは苫小牧《とまこまい》出身の二十一歳である。

美優ちゃんが札幌に引っ越してくる前（二〇二〇年まで）に苫小牧で勤めていたホームセンターは地元では知らない人がいない「幽霊テナント」だったという。

美優ちゃんがそのお店で働きだした初日から早速、不思議な現象に遭遇した。

夕方の十六時過ぎ、美優ちゃんが先輩にレジ打ちを教えてもらっている時だ。

ドタドタドタドタドタッ

天井から大勢の人が走り回る音が聞こえた。

（二階で一体どんな作業をしているのだろう？）

一階でお客さんが買い物をしている中、何をしているかわからないが二階で大きな音を立てて作業をしていることに、初出勤とはいえ違和感があった。

（もっとお客さんのこと考えた方が良いと思うな）

しかし、隣にいる先輩は二階から聞こえてくる音を一つも気にする様子もなく、レジの操作方法の説明を続ける。

その先輩の様子を見て、上からの騒音はいつも通りのことなのだと納得した。

というよりも、改善しないものと諦めた。

初出勤が無事に終わり、従業員専用出入口から、車通勤のため駐車場に向かった。

同じく車通勤の先輩二人と軽い雑談を交わしながら歩いている最中、何気なく後ろを振り返った。

後ろには職場のホームセンターが建っている。

白い壁にオレンジ色の看板で横に長い一階建て。

（そうだ……。ここ一階建てだった）

目の前の仕事を覚えることに必死になって忘れていたが、ここは二階が存在しない。

「あのっ！」

美優ちゃんは咄嗟に大声を出してしまった。

先輩二人が美優ちゃんの方を見る。その表情は驚いていた。

「どうしたの？　突然大きな声を出して」

レジ打ちを教えてくれた女性の先輩が立ち止まる。

美優ちゃんは想像よりも大きな声が出たことに自分でも驚き、恥ずかしさを感じながらも先輩に一歩近づいた。

「今日の夕方、レジ打ちを教えてもらっている最中に、天井から何人もが走り回るような大きな音がしてたじゃないですか。私、あの時は、二階で何かの作業しているんだろうと思っていたんですけど、今、建物見て思い出したんです。ここ一階建てなんですよね。先輩もあの時、天井から走る音は聞こえてましたよね？」

冷静さを失っていたのだろう。美優ちゃんはまくし立てるように一気に話した。

初めは驚いた表情をしていた先輩も、話を聞いているうちに美優ちゃんをなだめるような優しい表情を浮かべる。

「うん。聞こえてた」

声のトーンも異様に優しい。まるで駄々《だだ》をこねる子どもに話しかけるように。

「……何か天井裏で作業とかしていたんですか？」

美優ちゃんは先輩の様子に逆に気持ち悪さを感じた。

「していないと思いますよ。天井裏にはダクトや配線を通すためのスペースがあるんだけど、先月点検したばかりですからね」

もう一人の男性の先輩は美優ちゃんと女性の先輩を交互に見ながら、顎と首を前後に揺らすように何度も軽く頷く。

「なら、天井裏で作業をしていないのに、なんであんな走るような音が天井からするんですか？」

なおも訊く美優ちゃんに先輩は、ちょっとうつむいて考えるような素振りをする。そして顔を上げると言った。

「そういう場所だって有名でしょ？」

表情も声のトーンも優しいままだったが「これ以上深く聞くなよ」という意思が感じられ、美優ちゃんは口を閉じた。

次の日も、その次の日も、出勤するたびに三十秒から長い時には一分ほども、天井からはバタバタと走り回る音が聞こえる。

そのたびに美優ちゃんは恐怖を感じていたが、他の従業員は誰一人として反応を示さない。

やはり、この音はこの職場での「日常」の一部なのだろう。同様に、働き始めて一ヶ月経過する頃には美優ちゃんも天井から聞こえる足音に何も感じなくなっていた。

そんなある日、配線とダクトの点検のために業者が、天井裏に入っていくのを美優ちゃんは目撃した。

天井からの音はさんざん聞いているが、天井裏の様子を実際には見たことがない。

そう思った美優ちゃんはある日、業者が天井裏に入るために使ったはしごを使い天井裏を覗いてみた。

そこは想像よりもずっと広く、明かりがないため奥までは見渡せない。

人が中腰で立てるくらいの高さはありそうだが、走り回ることは不可能だろう。

(やっぱり、人のせいじゃなかったんだ)

天井裏を確認したことによって、ある意味納得することができた。

それからも出勤するたびに、天井裏を走る音や、営業時間外に店内を歩く人影を見たり、誰も入っていないトイレの鍵がかかっているなど、気にしだしたらキリがないくらい、細かな怪奇現象が職場で起きていたが、自分に害が及ばないことを理解した美優ちゃんは、店内で起きるすべての不思議な出来事をスルーできるようになっていた。

そんな職場で働き始めて一年ちょっと経ち、週に二回ほど美優ちゃんが一人でレジの締め作業を行うようになった。

その日も美優ちゃんはレジの締め作業をしていた。

早番のスタッフと店長は、それぞれ自分たちの仕事を終わらせて先に帰っている。

広い店内には美優ちゃん一人。

レジを一台締め、二台目のレジの締め作業を始めようとした時だ。

きゃはははははははっ！

きゃはははははははっ！

店中に響き渡るような、女性の大きな笑い声が聞こえてきた。

今まで一度もなかった現象に、美優ちゃんは体を硬くし、目だけであたりを見渡す。

(あ、これは私に向けられている!)

これまで店内で起きていた怪異は「誰かが気が付くことがある」という感じだった。

つまり、不特定多数に向けられた現象だった。

しかし、この女性の笑い声は違った。

声の出所が、美優ちゃんの顔の真っ正面なのだ。まるで顔の真ん前で、目を見られながら馬鹿にするように笑われている——。

(これは悪意だ……この笑い声は、私に悪意を向けている)

美優ちゃんは奥の事務所に向かって走りだした。

このままここに一人でいては危ないと思った。


きゃはははははっ!

きゃはははははっ!

声はずっと、美優ちゃんの顔の前を離れない。

逃げ切ることができるかどうかなんて、わからない。

走っても笑い声との距離感が変わらないがスピードは緩めない。

視線の先にはバックヤードに入るための扉が見える。

勢いに任せて体当たりをするように扉を開け、バックヤードに転がりながら入ると、突然、笑い声がピタリとおさまった。

なんとか呼吸を整え、少し冷静さを取り戻したので、恐る恐る店内に戻る。

すでに、笑い声は消えていた。


苫小牧が地元の人たちにこの店の周辺の話を聞いてみると、合わせたかのように同じようなことを言う。

「あの周辺だけ、いつ行っても薄暗い」

「人が住むような建物がほとんどないよね」

「神社と公園しかないからか、なんか寂しい」

やはりすべての現象は土地にまつわるものなのだろうか。

だが、僕は女性の笑い声だけは土地の問題ではなく、美優ちゃん自身に原因があるのではないかと気になっている。

知り合いのスタジオにて

数年前から仲良くしてもらっているニニさんは「若葉」というバンドでバグパイプを担当し、彫り師として自身のタトゥースタジオを経営している優しい笑顔の男性だ。

ニニさんは怪談にも興味を持ってくれていて、僕がフランクに怪談を話したり聞かせてもらったりできる、数少ない貴重な友達だ。

僕は怪談師になる前は、整骨院で整体師をしていた。

勤めていた治療院はとうの昔に退職をしているが、現在は知り合い限定で依頼が入れば施術をすることもある。

ニニさんのことは二年ほど前から診ていて、定期的にスタジオに遊びに行って、その都度ニニさんの体をマッサージしていた。

ニニさんのスタジオは札幌市中央区で、近くには人気の飲食店が多数あるエリアの、賑やかな通り沿いにある。広さは十二畳ほどあるワンルームにユニットバスがついていて、部屋の中はどこも、綺麗に整理整頓されている。

今だから言えるが、ニニさんのスタジオに初めてお邪魔した時から僕はずっと思っていたことがある。

（なんだか気味の悪い部屋だなぁ……）

スタジオ内の空気が、そんな素敵な場所にあるとは思えないくらい重たいというか、誰かに見られている感じがするというのか……。

一番近い感覚としては、心霊スポットに行った時の空気とほぼ同じなのだ。

特にユニットバスの空気感は異常なほどに重く、冷たく感じる。

ニニさん自身もスタジオの気味の悪さに気が付いていたようで、

「スタジオ自体気持ち悪いけど、一番嫌な感じがするのはユニットバス」

という話を以前から聞かされていた。

しかも空気感だけではなく、実際に奇妙な現象も起きていた。

例えば、部屋を何回掃除しても、どこからともなく髪の毛の束が出てきたり（ニニさんはスキンヘッドなのに！）、部屋の中でラップ音が響いたり、ユニットバスの中からは女性が声を押し殺して泣くような声や「ハァー、ハァー」という呼吸音のようなものが聞こえてきたりしたという。

職場と思えば許せるのかもしれないが、もしこれが家だったら絶対に耐えられないような部屋だ。

しかしある日、スタジオではなくニニさんの自宅に遊びに行った時に「もうスタジオは大丈夫かもしれない」と嬉しそうに話してくれた。

その日、ニニさんの友達がタトゥーを彫ってもらうためにスタジオに遊びに来ていたという。

タトゥーを彫る前に二人であれこれ話をしていると、気がついたら時間がかなり経過していた。友達が「彫る前にトイレ借りるね」と言ってユニットバスに入っていく。

防音できるような扉ではないため、用を足す音が扉越しに聞こえてくる。

ジャーーッ

水洗の流れる音が聞こえると扉が開き、友達が部屋に戻ってきた。トイレからはタンクに水が溜まる音が聞こえてくる。

ジャーーーーーーーーー

トイレの水を流してから数分が経過した。

それにもかかわらず、タンクに水が溜まる音が聞こえ続けている。

「流石《さすが》に長すぎないか？　いつもこんな感じ？」

友達がニニさんに声をかける。タンクに水が溜まる時間など気にしたことはなかったが、ニニさんも確かにと思い、

「そうだね。ちょっと見てみようか」

そう言って二人で立ち上がった。ユニットバスの扉を開けると、正面に便器とタンクがあり、タンクからは水が流れるような音がずっと聞こえてくる。

「何か引っかかって、水が溜まらないのかな？」

「ちょっとタンクの蓋《ふた》、開けてみるか」

ニニさんがタンクの蓋に手をかけ持ち上げると、いとも簡単に蓋が外れる。

外した蓋を床に置き、二人同時にタンクの中を覗いた。

中途半端に水が溜まっているタンクの中に、なぜかコンビニの袋が沈んでいた。

「なんだあれ?」

袋の中に何かが入っているように見える。

自分一人だったら絶対に触ることはしないと思うが、友達がいることで気が大きくなったニニさんは「うわぁー、なんだこれ!」と、少しワクワクした気持ちでタンクの中から袋を取り出した。

袋の中にも水が入っていてずっしりと重たいが、タンクの中から取り出した瞬間にカチャカチャカチャッと何かがぶつかるような音が聞こえた。

「なんか入っているな」

袋の中の水をタンクに戻して、覗いてみる。

そこには百均に売っていそうな四角柱のガラスの花瓶がひとつと、ビー玉よりも一回り大きなガラス玉が数個入っていた。

ガラス製品だし、ずっと水で流され続けていたから汚い感じではないのだが、なぜかとても気持ちの悪い物に思える。

「ニニ、これ、マジでなんだよ……」

「わかんないけど、節水のためではないよね。もし節水のためにやるんだったらこんなものじゃなくて、ペットボトルとかでやるだろうし……」

そこにあるはずのないものを発見した時、その違和感を解消するため、無理矢理でも辻褄を合わせて違和感を解消しようとする。

トイレタンクの中からなぜ、ビニール袋に包まれたガラスの花瓶とビー玉数個が出てきたのか、誰がどういう目的でこんな物を入れたのか。

ニニさんと友達はいろいろと意見を出し合ったが、やはり理由が見つからない。

そして、ニニさんの頭にとある言葉が浮かんだ。

【呪い】では……？

もしかしてこれが原因で、このスタジオの空気がおかしいんじゃないのか？

「あのさ、これ今すぐに捨てよ。明日ちょうど瓶、缶、ペットボトルのゴミの日なんだ」

友達も「それがいいよ」と言い、ビニール袋の口を固く結ぶと二人でマンション下のゴミステーションにゴミを捨てにいった。

それから数日後、スタジオの今までの重たい雰囲気が嘘のように軽くなり、発見されていた髪の毛の束も出現しなくなり、女性のすすり泣くような声もユニットバスから聞こえなくなったそうだ。

「匠平君、あれはやっぱり一種の呪いだったんじゃないかと俺は思うんだよね」

「そんな感じしますよねー！　でも、マジでその花瓶とか処分したって日からスタジオの空気は変わりましたよね！　それに髪の毛の束も女の泣き声も聞こえなくなって良かったじゃないですか！」

「ホントにスタジオの空気は軽くなったよね。でも、髪の毛は束じゃないし頻度も減ったけど少しは出てくるし、女のすすり泣きみたいな声も聞こえなくなったけど、ハァー、ハァーっていう呼吸音は今でもたまに聞こえるんだけどね――」

現在もそのスタジオで、ニニさんは素敵なタトゥーをお客さんに提供し続けている。

趣味はほどほどに

「知り合いのスタジオにて」のニニさんには弟がいる。

二回ほどお会いしたことがあるのだが、ニニさん同様、とても優しい笑顔と話し方をする方だ。

ニニさんから話を聞く限りでは、弟さんとニニさんの兄弟仲は良いそうだ。


これは今から約二十年前の話だ。

ニニさんと弟さんは二人で札幌に出てきたという。お金もあまりなかったので、二人で安い物件を探して一緒に暮らすことにした。

見つけた物件は札幌市豊平区にある北海学園大学から徒歩三分圏内の物件。築四十年から五十年経過していて、すでに取り壊しも決まっているアパートだった。

取り壊しが決まっているから部屋の改造もし放題だというその部屋は、築年数の割には珍しくロフトが付いているワンルーム仕様だった。

もしかすると何度かリフォームされていたのかもしれない。

しかしそのロフトはお世辞にも広いとは言えず、布団を敷けばそれでいっぱいだった。それでも弟さんはそこを自分の寝床にすることにした。

ニニさんも少しでも部屋を広く使いたかったため、ロフトの下を改造して寝床を作り、ちょうどロフトと合わせて二段ベッドのようにした。

狭く古い部屋だったが兄弟は楽しく仲良く生活をしており、ちょうど二人とも怪談・オカルト・心霊映像ブームのど真ん中だったため、毎日のようにレンタルビデオ屋で心霊映像投稿系のビデオを借りて、家にいる間は四六時中テレビで流していた。


そんな生活を数ヶ月続けたある日のことだ。

家の中で不思議な現象が起こるようになった。

触っていないものが勝手に動いたり、自分たち以外の声が聞こえたり、人の気配がする。何も起きていない時でも、なぜだかわからないが部屋の中が怖い。

そしてついには弟が「変なものが見える」と言い出したのだ。

「ずっと見えているわけじゃないし、部屋の中限定なんだけど、幽霊だと思えるものをここ最近ちょいちょい見るんだよね……」

住み始めた当時は変な現象なんて何ひとつ起こらなかった部屋。だが、日を追うごとに奇妙な現象が起こるようになった――。

その原因はなんだろうと二人で話し合った結果、答えはすぐに見つかった。

きっと趣味にどっぷりはまりすぎたのだろう。

怖い話をしたり聞いたりしていると霊が集まってくる、なんていう話を聞いたことがある。この部屋ではほぼ毎日、何時間も心霊映像や怪談話が流れている。それによってもしかすると霊をたくさん呼び込んでしまったのかもしれない。

しかし、楽しい趣味をやめるつもりもなければ、お金がないので引っ越す気もない。何よりも生活ができないほどの実害は受けていないのだ。

二人はこのままの生活を続行することにした。

それから数週間後のこと。

「うわっ！」

夜中、眠っていたニニさんは弟の声で目を覚ました。

「どうした？」

眠たい目をこすりながら、ロフトにいる弟に下から声をかける。

「今、幽霊に叩かれて起きた……」

「マジか！　どんな感じで？」

すると、弟は話し出した。


横を向いて眠っていた弟は、頭をペチペチペチペチと何度も叩かれて、目が覚めた。

よく兄弟でいたずらをし合っていたし、この部屋には自分と兄貴しかいない。

(兄貴かよ。夜中に何やってんだよ)

布団の中で身じろぎせずに様子を窺っていた。起きてリアクションを取ると、兄貴はきっと喜ぶだろう。そう思った弟さんはそのまま眠っているフリをすることにした。

しかし、ペチペチと頭を叩く手が止まらない。

(これ、俺が起きるまで続ける気だ)

そう思った弟さんは業を煮やして、

「ちょっ、兄ちゃんやめれやー」

そう言って叩いてくる手を払い除けつつ、仰向《あおむ》けになって目を開けた。

目の前には、リーゼント頭で五十代くらいのロカビリーファッションの男性が弟の顔を覗き込んでいた。

(え？　兄ちゃんじゃないっ！)

「そんなのが突然家にいるわけがないランキング」なんてものがあれば、上位に食い込むであろう存在に弟が心底驚いている中、リーゼント頭の男性はシュパッと消えたという。

「他にも住んでいる時はいろんなことがあったけど、俺たちの趣味が招いた結果だと思うから自業自得だよね」

どんなものでも趣味はほどほどにした方が良さようだ。

たくさんいる

四十代前半の男性。吉村さんから聞かせていただいた話。

この話は吉村さん本人から取材をしたという体で読んでいただきたい。


私が大学生の頃に住んでいたアパートっていうのが、なかなかのボロアパートだったんです。

でも、親からの仕送りがあるわけでもなくて、大学に通いながらアルバイトで生計を立てていくには家賃の安い物件に住むしかなかったんです。

ただ、ボロアパートといえども「住めば都」というのか、大学にもバイト先にも近い物件だったこともあって、不満なんてほぼありませんでした。

しかし、そのボロアパートに住み始めて二年ちょっと経った頃だったと思います。

ある時から、毎晩のように金縛りにあうようになったんです。

初めて金縛りになった時はめちゃくちゃ怖かったですけど、何度もそうなるうちに、体が動かなくて声が出ないだけで幽霊だとか化け物みたいなものは見えるわけではなかったので、慣れてもきたし、連日の疲れからくるものなんだと納得していました。

でも、そんなある夜です。

布団に入ってうとうとしていると違和感を覚えました。

なんだろうなって思って、目を開けて体の方に目をやると、掛け布団が妙に盛り上がって見えます。

自分は膝を曲げているわけでもないし、なんだこれ？　と思っていると、両足首に重さを感じたんです。

アレ？　なんだこの重さ？

足首の感覚を研ぎすませると、あることに気が付きゾッとしました。

どうやら何者かに両足首を掴まれているんです。

とっさに掛け布団を持ち上げ布団の中を覗いてみると、小学校三年か四年くらいの小太りの男の子が、僕の足首を両手で掴んだ状態で僕の方を無表情で見上げていました。

混乱して身動きが取れなくなっていると、その男の子がハイハイするような形で一歩二歩と僕の体をよじ登ってきたと思ったら、三歩目以降はダダダダダダッと一気に僕の顔の真ん前までやってきたんです。

そして僕の顔に顔をグーッと近付けて……突然消えてしまいました。

見覚えなんてまったくない男の子で、でも印象的だったのが、その子に色はありませんでした。どういうことかというと、僕が見たその男の子の顔や体や服など、すべてがモノクロだったんです。

テレビや漫画で見るような出来事が実際に僕の身に起こるなんて、思ってもみませんでした。

他にも寝られなくて天井を見つめていたら、徐々に天井の一部が盛り上がってきて、メリメリメリって音とともに男性の顔が出てきたこともありましたよ。

急に雑に話しちゃいましたけど、話し出したらキリがないくらいたくさんのことがありましたからね。

え？　そのアパートは今でもあるかって？

もう取り壊されちゃってないんですよ。

アパートがあった場所ですか？

豊平区ですね。北海学園大学から歩いてすぐのところで、最終的には築年数が古過ぎて取り壊されちゃったアパートなんですよ。

今では同じ場所にマンションが建っているはずですよ。

そこまで聞いて「あれ？」と思った。

もしかすると、ニニさん兄弟が住んでいたアパートではないのだろうか。

もし、同じ場所だとするならば幽霊が出るようになったのは……？

ポスターの功罪

今年に入ってから知り合った男性で琢磨君という子がいる。

現在二十七歳で大工をやっている、身体の大きなナイスガイだ。

琢磨君には小さい頃から霊感があり、普通の人には見えないものが見えたり聞こえないものが聞こえたりする人生を送ってきた。

苦労することも多かったようだが、母親の家系が霊感の強い家系だったらしく、家族の理解もあったので、霊感があるなりにも普通の暮らしができていたという。


そんな琢磨君が高校生の時のこと。アメリカの人気女性アーティストであるレディー・ガガが学校で流行っており、琢磨君も大ファンで自分の部屋にレディー・ガガの大ヒット曲「ポーカーフェイス」のポスターを二枚も飾っていた。

まわりの「なんか気が付いたらレディー・ガガが流行ってるから好きって言っておこう」というミーハーにわかファンではなく、かなりしっかりとレディー・ガガ・ファンをやっていた琢磨君。

そんな大好きなアーティストのポスターを適当なところに貼るわけにはいかないと思った琢磨君は、部屋の中でもいつでも自分の視界に入る窓の対面にある壁に、二枚のポスターを並べて貼り付けた。


琢磨君の札幌市東区の家は、友達たちのたまり場だった。よほど居心地がいいのか、ほぼ毎日誰かしらが琢磨君の部屋に入り浸《びた》っていた。

しかし、急に友達たちが妙なことを言うようになった。

「お前の部屋、急にすごい居心地悪くなったよな」

この日も三人の友達が遊びに来ていて部屋でゲームをしていたのだが、どうも盛り上がりきらない。そして三人ともが口を揃えて言う。

「やっぱりお前の部屋、なんか居心地悪いわ」

「え？　なんでだよ？　特に何も変わってないと思うよ？」

「いや、前々から言おうと思ってはいたんだけど——あのポスターを貼っ付けてから、なんか落ち着かないんだよ」

指を差された方を見ると、そこにはレディー・ガガのポスターが貼ってある。

「ガガのポスターを飾るようになって居心地悪くなったとか意味わかんないよ。みんなガガのこと嫌いすぎるだろ!」

琢磨君が笑いながら突っ込むが、三人とも真剣な顔をしている。

「あのな琢磨。嘘とかじゃないんだよ。俺たちだけじゃなくて、琢磨の家に遊びに来ている奴ら全員が言っているんだ。琢磨の部屋のレディー・ガガのポスターが怖いってさ」

友達たちがレディー・ガガのポスターを怖いと言うようになった時期とほぼ同時期から琢磨君はお母さんと妹からも妙なことを言われるようになった。週に何度も何度も「今、琢磨の部屋誰かいるの?」と聞いてくるのだ。

「え? 誰もいないけどなんで?」

「さっきお母さん、お風呂に入ろうと思ったの。それで風呂場に向かう途中にあんたの部屋の前を通るでしょ?」

家のお風呂は、琢磨君の部屋の前を通り過ぎた先にある。

「うん」

「そしたら琢磨の部屋の中から女の人の声が聞こえてくるからさ」

違う日には妹から「夜中に女の人を家にあげたらお父さんとかお母さんに怒られるよ」と言われた。

もちろん家に女はあげていなかったそうだ。

こんなことが連日続いたある日、琢磨君が部屋で漫画を読んでいるとバタンッ！　と大きな音を立てて部屋の扉が開き、お母さんが部屋に入ってきた。

「ポスターの中に幽霊が入ってるんだって！　だからそのポスター今すぐ捨てるよ！」

突然の出来事でまったく意味がわからなかった琢磨君はお母さんに説明を求めると、母親は呼吸を整えてことの顛末《てんまつ》を話してくれた。

当時、琢磨君のお母さんは琢磨君の霊感の強さに気付いており、昔からお世話になっている北区にあるお寺さんに定期的に、琢磨君を霊障から守るためのお札をもらいに行っていた。

その日もお札をもらいにお寺に行くと、住職から唐突に「琢磨君の部屋に女性のポスター貼ってない？　多分外国人だと思うんだけど」と言われたそうだ。

母親がすぐにレディー・ガガのポスターを思い出し「ありますよ。よくわかりましたね」と答えると「その中に霊が入っているから、すぐに捨てるかココに持ってきなさい」と言われた。

だから、家に帰るや否や、すぐにポスターを剥《は》がして処分すると言い出したのだ。

琢磨君はレディー・ガガの大ファンだが幽霊は怖くて大嫌いなため二つ返事で処分することに賛成した。

琢磨君自ら二枚のポスターを壁から剥がし、お母さんに渡す。

お母さんはポスター二枚を受け取り、重ねる。そして、受け取ったポスターを折りたたみ始めるのだが――。

ぎゃぁぁあああぁあぁぁぁあっっっ！！！

お母さんが折りたたんでいるポスターから女性の悲鳴が響き渡る。

「えっ⁉　なに今のっ？」

琢磨君が咄嗟にお母さんに声をかける。

「わからない！　でも、絶対にこのポスターから声したよね！」

そう。間違いなく声はポスターから聞こえた。

「した！　それ、そのまま折っていって大丈夫なの？」

「大丈夫かどうかわからないけど、ほっておくわけにもいかないから。このまま折って小さくして捨てるよ！」

お母さんは一度止めた手をもう一度動かし、ポスターをさらにたたむ。


うわぁぁあああぁああぁぁぁあっっ！！！


次は男の悲鳴がポスターから聞こえた。

琢磨君とお母さんは、小さく折りたたんですでに声がしなくなったポスターを持って庭に出ていくと、ポスターを焼却炉の中に投げ入れて火をつけた。

折り畳まれたポスターの端の方からゆっくりと全体に火が広がり、折り目の固いところに火がまわるとパチパチっと微《かす》かに音が鳴る。徐々に火は勢いを増していき、もくもくと黒煙が空に上がって空中で消える。

やがて黒煙が上がらなくなった頃、炉の中を確認するとポスターは灰になっていた。琢磨君はその灰は近所の川に流したそうだ。


窓の対面に人が大写しになっているポスターを貼ると、窓とポスターの目の間に霊道ができるという。その霊道を移動するだけならまだしも、霊がポスターに宿ってしまうこともあるそうだ。

大好きなアーティストのポスターによって、このような体験をした琢磨君だが、いまだにレディー・ガガのファンだという。

事故物件の解体

石田君は二十代後半の男性で職業は大工だ。

石田君の父親の職業も大工だったこともあり、石田君は中学卒業後、父親の経営する会社に就職し、職人として現在まで働いてきた。

そんな石田君には自他共に認める霊感があり、小さい頃からその霊感で苦労してきたという。なので、少しでも曰くがあるような場所には近づかないように生活していた。

それは仕事の時も同様で、心霊スポットの近くや、死亡事故の多い交差点付近の現場などは断っていた。

父親は「仕事なんだから我慢しろ」と言って、何度かそういう現場に石田君を連れて行こうとしたことがあるそうだが、その度に母親が「そんなとこ行かせんじゃない。なんかあったらどうするの」と父親を説得し、石田君も「そういうの以外ならどんな現場にも行くからお願いだから勘弁してくれ」と懇願《こんがん》して、現場に回してもらっていた。
それでもやはり石田君は霊感が強いため、なんの曰くもない所でも心霊現象に遭遇してしまうのだ――。

そんな石田君が大工三年目の時に入った現場の話だ。
その現場は札幌市西区にある一軒家で、依頼内容はフルリフォームだった。
作業工程として、まずは解体から入る。
建物の基礎になる骨組みや柱や梁などを壊さないように壁や床を解体していく。
石田君は棟梁と二人で一階の解体作業をしていた。

ドンッドンッドンッドンッ

ガンッガンッガンッガンッ

突然、二階から強く床を踏みしめるような足音や、何かを床に叩きつけるような音がし始めた。

しかし現場には、石田君と棟梁《とうりょう》以外は入っていないはず。

「あれ？　他は入ってないですよね？」

「そのはずだけど設備屋でも入ったか？」

「そうなんですかね？」

「なんだよ。挨拶までしなくて良いけど声くらいかけろよな。ほんとだらしねぇな」

「確かにそうですよね」

石田君は苛立つ棟梁をなだめながら解体作業を進めた。

十時のアラームが鳴り、一回目の休憩に入る。

石田君は外に置いてある解体した廃材の上に座り、コーヒーを飲みながらタバコを吸っていた。一本吸い終わり、携帯灰皿に吸い殻を入れた時に、あることに気が付いた。

二階で作業していた人を見ていないのだ。棟梁にそう声をかけた。

「棟梁、見ましたか？」

「あ？　そういや見てねぇなぁ」

「気付いたら音もしなくなっていましたよね」

「ああ、そう言われたらそうだな」

「車ってどこに停めたんですかね」

現場の敷地内にはハイエースが二台停まっていて、一台は石田君が乗ってきたハイエースで、もう一台は棟梁が乗ってきたハイエース。

自分たち以外の車がない。石田君は首を傾げた。

(でも、さっき二階からあれだけ大きな音を出してたしな)

棟梁も不審に思ったのだろう、声を上げた。

「おい、石田。ちょっと二階の様子見に行くか」

「そうですね。行きますか」

石田君は棟梁と二人、家の中に入って二階に上がっていった。

「なんだこれ?」

あれだけ音が鳴っていたのに二階は手をつけた様子がない。

「別の部屋で作業しているんですかね?」

石田君と棟梁はひと部屋ずつ扉を開けて人がいないか確認するのだが、誰もいない。

そんな中で、奇妙な部屋を見つけた。

ベッドが一台だけポツンと置いてあり、他の家具は一切ない。そして、そのベッドの上にはフランス人形のような、精巧な作りの洋風の人形がこちらを向いて座っている。

その異様な光景に石田君は言葉を失っていると、棟梁は即座に動き出した。

「なんだこれ！　気持ち悪ぃな」

そう言うと棟梁は無造作に人形を鷲掴《わしづか》みにした。そのまま部屋から出ると、二階の通路に準備していた廃材を入れるための土嚢《どのう》袋に人形を放り込んだ。その土嚢袋を手に部屋に戻ってくると窓を開け、下に置いたゴミ籠《かご》の中に放り投げたのだ。

棟梁のまさかの行動に石田君は驚いた。

「ええっ！　そんなことして大丈夫なんですか？」

「大丈夫だろ！　どうせ最後はゴミ籠の中に入るんだからよ。さっ、なんかよくわからねぇけど二階には誰もいなかったし作業再開するか」

石田君はその後の作業が気が気ではなかったが、棟梁の判断が正しかったのか、あれほど二階から聞こえていた音が一切しなくなった。


この出来事の後、もう一度この現場に石田君は父親と入ることがあった。

その帰り際、父親から、

「依頼内容が変わって、もうお前はあの現場でできることはなくなったから入るな」と言われ、突然外されてしまった。

石田君は自分がなにか大きなミスを犯したのかと訊くと、父親は「そうじゃない」と否定した後にひと呼吸置いて話し始めた。

「お前と母さんには黙っていたけど、ここの現場はいわゆる事故物件なんだ。ここに住んでいた人は家の中で首吊り自殺をしているんだよ。あと、依頼内容が変わったって言っただろ？　和室を作ることになったんだ。まだお前にはできないだろ」

和室を作るには確かな技術が必要だ。石田君が納得するには十分過ぎる理由だった。


これが、石田君が約十年前に体験した話である。そして、今でも石田君はこの現場のことが気になっているのだ。

石田君が抜けた後、この現場は無事に竣工《しゅんこう》した。

石田君が聞かされていた依頼内容は一軒家のフルリノベーションだった。

しかし、竣工したと父親から聞かされて現場を見に行ったところ、あの一軒家はなぜか「寺」になっていた。

空いている駐車場

山城さんの趣味は川釣りである。しかも川釣りでもイトウ釣り専門にやっている。イトウは一メートル以上にも育つ個体がいるという大型の淡水魚で、エキサイティングなイトウ釣りは釣り人のあこがれでもあるという。

釣り人はそれぞれ誰にも教えない秘密の釣り場を持っているそうで、山城さんのそれは道北の方にあるとだけ教えてもらった。

山城さんの釣り場は山深いところに入るので行き帰りだけでも体力を使う。釣りを終えて札幌の自宅に帰る際には、必ず幌加内《ほろかない》の道の駅で車中泊して体を休めるのだという。

なぜ、道の駅を利用しているかというと、夜になると駐車場に車がほとんど駐まっておらずスカスカだからだ。

道の駅から少し離れた駐車場はどこもいつもキャンピングカーでパンパンになってい

る。でも、なぜか道の駅の駐車場だけはいつ行っても長距離トラックか本州ナンバーの車が多くても四台、五台しか駐まっていない。

この日も二十二時過ぎに、山城さんは幌加内の道の駅の駐車場に車を駐めた。いつも通り自分を含めて車は四、五台しか駐まっていないし、相変わらず自分以外は本州ナンバーの車だ。

（五、六時間くらいしっかり寝て、朝方に札幌に向けて出発しよう）

山城さんは車のエンジンを切り、シートを倒して横になると、山登りや釣りの疲れからすぐに眠りについた。

ガチャッ……ザクッ……ジャララ……

何やら車の周りが騒がしい。

ザクッ……ザクッ……おい……いき……

金属がぶつかる音？　それと砂利の音と、人の声？

ジャララ……だ…だ…しん……る

なんて言ってるんだ？

ザクッ……ダメだ……死んでる

え、死んでる？

山城さんは急いで外の状況を確認するために起き上がった。はずだった……。
体が動かない。いつの間にか金縛りにあっていたのだ。
動こうともがく間も車外からは金属がぶつかるような音、砂利のような音、人の声が聞こえてくる。しかし、その音や声は徐々に徐々に離れていき、聞こえなくなったのと同時に金縛りが解けた。

山城さんはこの場所に何か原因があるとしか考えられないと思い、その場でスマホを使い幌加内の道の駅周辺について調べてみた。

すると、いとも簡単に周辺の情報が出てきた。

調べた結果、そこら一帯はすべて【囚人道路】だったのだ。

囚人道路とは、明治政府が北海道の開拓を推し進める中で、囚人を労働力として開《かい》削《さく》・整備した道路のことである。使役された囚人たちの扱いは酷く、その労働状況は凄惨を極めたともいわれる。

なら、車外から聞こえてきた、あの音と声は……。

過保護

「匠平さん、もし霊媒師さんのところに行くんでしたらゆずちゃんを連れて行ってあげて下さい」

スリラーナイトの怪談師、影塚艶鷲《かげつかえんじゅ》から、そう言われた。

ゆずちゃんはスリラーナイト時代の僕の部下だったが、お互いに店を退職しているので、今は友達だと思って付き合っている。

僕はつい先日、パワーストーンのブレスレットが弾け飛んだのを直してもらうために、霊媒師の三浦さんに会いに行こうと思っていたところだった。

霊媒師の三浦さんとは四年ほどの付き合いだ。

仕事柄数多くの霊媒師や占い師に会ってきた。僕の感覚でしかないが、そのほとんどの能力は疑わしい。そんな中で数少ない本物の一人が三浦さんだ。

ゆずちゃんは前々から霊障に悩んでいるようだった。

不思議な現象に遭う確率がゆずちゃんは多いと僕も感じていた。

「艶鷲さんから、霊媒師さんのところに行くなら……と言われたよ」とゆずちゃんに話し、二人の予定を合わせて霊媒師の三浦さんに会いに行くことにした。


二〇二二年三月十四日午前十時二十分。

約二十分遅刻して、車で向かった僕は待ち合わせ場所でゆずちゃんをピックアップする。

フロントガラス越しに見るゆずちゃんは、僕がこんな時期（三月中旬の札幌の平均気温は〇・八度なのだ）に二十分も待たせたからか顔色が悪い。

「待たせてごめんね」

助手席に乗ったゆずちゃんの顔を改めて見ると、やはり顔色が悪い。もともと色白な子ではあるが、疲れ切っていて血色が悪く、生気がないように見えた。

車内では空気が重たくならないように顔色のことは触れず、世間話をしている間に三浦さん宅に到着した。

家の中に入ると三浦さんが笑顔で迎えてくれた。

「いらっしゃーい。本日はよろしくお願いします」

「こちらこそよろしくお願いいたします。この子が予約する時に話していたゆずちゃんです」

ゆずちゃんが三浦さんに挨拶をする。

「今日はよろしくお願いいたします」

「こちらこそよろしくお願いします。それじゃあ二階に上がって」


三浦さんは自宅をサロンとして経営している。

二階の施術スペースは白を基調にした家具が置かれ、日当たりが良いしホワイトセージの良い匂いがして気持ちがいい。

僕はパワーストーンのブレスレットを直しに来ただけなので、三浦さんに石を手渡した。

石を手に取った三浦さんはちょっとだけ口角を上げて鼻で笑う。

「この石、いつこうなったの？」

「いつだっけなぁ。でも、スリラーナイトの中で飛びましたね」

「そっかぁ……。うん、とりあえず匠平さんは石の修理だから後にしようね！」

ちょっと気になるリアクションだったが、本日のメインはゆずちゃんだ。

僕はゆずちゃんが霊視してもらうところを見学させてもらった。

まず初めに三浦さんはゆずちゃんに紙を手渡し、そこにゆずちゃんの生年月日とフルネームを書いてもらい受け取った。

生年月日とフルネームをじーっと見つめている三浦さん。

俺とゆずちゃんがその様子を見ていると三浦さんが話し出した。

「簡単でいいから、どんなことで悩んでいるとか困っているとか、何があったか教えてもらっていい？」

ゆずちゃんは少し上を向いた後、今度はうつむき「なにがあったか……」と、呟いた後に話し始めた。

「高校卒業してから上京して東京で生活していたんですけど、その時から霊感のある人にお祓いに行った方がいいって言われていたんですよ」

ゆずちゃんが上京して住み始めた家がおかしな家だったそうだ。

部屋で一人過ごしていると男の人が入ってくるような気配が頻繁にしたり、出かけて家に帰ってくるとクローゼットや閉めたはずの扉が開いていることが多々あった。

ゆずちゃんはその現象をそこまで重く受け止めていなかった。

しかし、当時付き合っていた実家暮らしの彼の家に、何度か遊びに行った時に、彼や彼の家族から「ゆずちゃんが遊びに来た時にベランダに女の子が立っているのが見えたり、家の中を男の人が歩いたりするんだよね」と言われたという。

ゆずちゃん自身にはその姿かたちは見えないが、彼と彼の家族全員が、ゆずちゃんが遊びに来た時限定で見ていたそうだ。

この話を聞いた三浦さんがゆずちゃんに質問をした。

「あのね、ゆずちゃん。ゆずちゃんの苗字の○○ってお父さんの苗字かな?」

「はい。そうです」

「ご先祖様は人間関係などで大変悲惨な体験をされているようですね」

三浦さんはゆずちゃんの目をまっすぐ見て言い放った。その言葉とは裏腹に声は優しく、しかし芯のある強い言葉でゆずちゃんにその理由を説明する。

その恨み辛みはとても強いものだと三浦さんは言う。

「ゆずちゃんを守りたいという思いが強くて、他人と仲良くさせなくなるんだよね。だから、申し訳ないんだけど多分、ゆずちゃんって子供の頃から同世代の仲良い子っていなかったと思うんだよね」

ゆずちゃんは三浦さんを見つめ「子供の頃は友達がいなかったです」と、寂しさや悲しいといった感情を感じさせない、ひとつの事実として過去を受け止めているかのようにハッキリと返答した。

三浦さんはそんなゆずちゃんに言葉を続ける。

「だけどね、それは決して悪いことじゃないんだ。付き合いたい人だけと付き合うというのでいいと思うの。だってそれはある種の個性だもん」

確かにその通りだと思った。

自分にとって必要な人を取捨選択して生きていく。

人付き合いが上手な人を見ると尊敬をするが、無理をして八方美人をしているのならば、自分を殺してまで人と繋がっていたいという考えの方が僕はおかしいと思う。

「それでね、ゆずちゃん。なんでここ最近、ゆずちゃんのまわりで変なことが起きているか話すね」

現代を生きるゆずちゃんが社会に出て何か行動を起こそうとすれば、必ず他人が関わってくる。そうするとご先祖は、ゆずちゃんを守るためにと、できるだけ他人との関係を断ち切ろうとする。

つまりご先祖が原因で、ゆずちゃんがやろうとすることはなぜか後手後手に回ってしまったり、誤解を招いてしまったり、うまくいかないことが多くなっていたそうだ。

ゆずちゃんが背負ってしまった「宿命」なのだという。

「だからね、ゆずちゃん。これからはうまくいかないことがあったら、こうやってご先祖様にお祈りして」

私はご先祖様を大切にしたいと思っています。でも、他人と一緒に生きている今の自分も大好きです。だから私のことを解放してください。

「あとはお父さんと一緒にご先祖様のお墓参りに行ってね。お父さんと一緒っていうことが大事だから」

どうやらゆずちゃんの身の回りで起こる不可解な現象や人間関係の悩みはすべて、子孫を守りたい、大切にしたいという、ご先祖様たちの「過保護」が招いた結果だったようだ。


霊視鑑定の途中、ゆずちゃんは言っていた。

「私はご先祖様のために何かしたいと思って北海道に帰ってきた」と。

それに対して三浦さんは励ますように答えた。

「ゆずちゃんは北海道で何かを成し遂げる使命を持っているの。何かを成し遂げないとダメなの。そのために、これからも普通の人たちの何倍も苦労する。苦しくて辛くて逃げ出したいこともあるかもしれない。ただね、今までご先祖様たちができなかったことをあなたはやるはずだよ」

ゆずちゃんは、不安げな表情を浮かべながらも三浦さんの目を見つめる。

「わかりました」

こうしてゆずちゃんの霊視鑑定は終わった。

終わった直後のゆずちゃんの顔は、待ち合わせで会った時とは別人のように明るくなっていて声に力も戻っていた。

「次は匠平さんですよね。席かわります!」

テキパキと動くゆずちゃんに誘導され、三浦さんの前に座る。

「あのね匠平さん。匠平さんのブレスレットの石は、ひとつを除いて全部お役目を終えているから交換するしかないんだ。それでいつもなら石を選ばせてあげるけど、そうも言っていられない状況だからこっちで勝手に石を選ぶね。あと、一週間後の三月二十一日なんだけど何か予定入ってるかな？」

スケジュール帳を確認すると、その日はちょうど空いていた。

「空いてますよ」

「ならその日、匠平さんのお祓いだから旦那（三浦さんの旦那さんはお坊さんである）にも連絡しておくね」

そんな歯医者の予約感覚で、僕はお祓いを受けることになった。

怪談師という職業

二〇二二年三月二十一日午前十一時ちょうど。お世話になっている霊媒師の三浦さん宅に到着した。

これから僕はお祓いを受ける。

正直なところ、お祓いを受けないといけないという自覚はなかった。しかし去年の秋あたりから、霊感が強いという知り合いや仕事仲間が口裏を合わせているかのように、

「匠平さんが思っている以上に状況として良くない」

「どうして普通に生活できているのか意味がわからない」

「自分には祓うことができないから、すぐにでも祓える人のところに行ってお祓いを受けた方がいい」

などと、代わる代わる言ってくる。

もちろん、心当たりがまったくないわけではなかった。

例えば、以前勤めていた怪談ライブバー・スリラーナイトのカウンターでお客さんとおしゃべりをしながらお酒を飲んでいる時のことだ。

カウンターの上に両肘を付きながらお客さんと話していると、突然、左手首付近にバツンッと叩かれたような衝撃が走った。

長袖の下に隠れているので見えないが、何が起こったかは容易に想像できた。

僕の左腕にはお世話になっている占い師や霊媒師さんに言われて着けているパワーストーンのブレスレットがある。

それがどういうわけか、長袖の下で弾け飛んだようだった。

「うわっ、ヤバい。気持ち悪いのが、すぐいなくなったけど来ていましたよ」

僕の斜め後ろから、気になるセリフが聞こえてきた。

振り返ってみてみると、怪談師の影塚艶鷲が眉間に皺を寄せていた。

「艶鷲さん、そんなヤバいの、今来てたの？」

声をかけると、艶鷲さんは僕の方をまっすぐに見てさらに険しい顔をする。

「はい。しかも匠平さんのことを意識していたみたいでした。なぜか急にいなくなりましたけど」

「艶鷺さんが変なの来たって言う三秒くらい前に、ブレスレットが弾け飛んだんだよね」

左腕の袖をズラすと、パワーストーンがバラバラッと袖から転がり落ちた。

「匠平さん。日常生活であのレベルのヤバい奴が寄ってくるということは、匠平さんの周りの空気が淀んでいるので、マジでお祓いに行った方がいいですよ」

その直後、信頼する霊媒師の三浦さんにこのブレスレットを修理してもらおうと伺った時に、強制的にお祓いの予約をされ、お祓いを受けることになったのだった。


ピンポーン。

霊媒師の三浦さんの家のチャイムを押して、玄関の扉を開ける。三浦さんとご主人が現れた。お坊さんのご主人は真っ白な袈裟姿、三浦さんも普段とは違って、こちらも上下とも真っ白な服装だ。

「本日はよろしくお願いいたします」

「匠平さん、よろしくお願いいたします。早速ですが二階の祭壇の前へどうぞ」

旦那さんに案内された。

二階にはとても立派な祭壇がある。

これはある宮大工さんから三浦さんに「奉納させてほしい」とお願いされた、特別なものだという。

どうやら本日はそこでお祓いをするようだった。


祭壇のほぼ正面に紫色の座布団が敷いてあり、そこに座るようにご主人に促《うなが》された。

「さて、これからお祓いをさせていただきますが、匠平さん自身に何か困っていることはありますか？」

「うーん。強いて言うなら感覚的なもんでよくわからないんですが、ここ最近、人生ってチョロくないなって思うようになりました」

「人生の歯車が噛み合ってないような感じですか？」

「そうなるんですかね？　お上人（日蓮宗のお坊さんをこう呼ぶ）から見て、僕ってヤバそうですか？」

「そうですね。匠平さんと向き合っていると、さっきから汗が止まらないですからね」

と、額や頭皮に粒々と浮かんだ玉汗をぬぐっていた。

三浦さんも、祭壇のある部屋に入ってくると僕のことを見ながら話し始めた。

「匠平さんはね、真摯《しんし》に『怪談師』って職業に向かい合っているでしょう？　それが原因でたくさん幽霊が乗っちゃうんだよね」

思いもよらない角度からの指摘であった。

「それでね、私だとかお上人だとか幽霊を成仏させてあげるようなことを仕事としている人たちから見れば、匠平さんは霊を成仏させることができる人なの。それは霊たちから見てもそうなんだよね。だから匠平さんにたくさん幽霊が集まって乗っちゃうんだよ」

三浦さんは続ける。

「匠平さんは自分自身のことを『怪談師』って限定しているからダメなんだよね。会場のお客さんや配信を見ている人たちに喜んでもらえるように怪談師をやっているけども、さっきも言ったけど、怪談を話すことによって霊たちを成仏させることができる人なのね。そうだね、あえて言うならば『成仏師』でもあるって自覚をして怪談をすると、また人生が好転していくと思うよ」

突然の話に頭がついていかなかった。

僕は怪談師として怪談を収集し、みんなに怪談が面白いと思ってもらえるようにこの十年間やってきた。

だが三浦さんが言うには、

「匠平さんは、無意識のうちに霊に対して、成仏させることができる風のアプローチを仕掛けておきながら成仏させなかった。だから霊たちが〝いつ成仏させてくれるんだろう〟と、ずっとくっついている状態なんです」

しかもその解決策は僕自身が「自分は霊を成仏させることができる」と、信じることだと言うのだ。

「さて、それでは匠平さんに伝えたいことを伝えられたから、お祓い始めましょうか」

三浦さんがそう言うと、お上人が蝋燭《ろうそく》に火を灯し、線香を立ててお経を上げ始めた。

僕は正座をした状態で、鳩尾《みぞおち》より少し上で合掌し目をつぶった。

お祓いやお経の知識はほぼないが、お経を聞いている中で「あっ多分、今お経がひとつ終わって違うお経に切り替わった」とか「僕は今日から人を喜ばせるだけじゃなく霊のためにも怪談をしよう」など、様々な考えが脳内をめぐる。

お祓いが始まってどれほど経ったのだろうか。

突然、合掌をしている手の感覚が鈍くなってきた。

部屋は寒いわけでもないし、手が冷えているような感じもしない。

お上人や三浦さんからは、お祓い中に目を開けてはいけないといった注意は何も受けていないので、目を開けて手を見てみると、指を閉じて合掌していたはずが、手をパーの状態で合わせているような形になっていた。

(なんかこの合掌、格好悪いな)

そう思った僕は開いている指を閉じ、きちんと指を揃えて合掌し直して目をつぶる。

だが、また手の感覚が鈍くなり、目を開けて見ると指が開いてしまっているのだ。

三回、同じ状態になり、合掌し直した。

お祓いが始まって約九十分後、お経が終わった。

「匠平さん、こちらに来て線香を一本あげて下さい」

お上人が祭壇の前から立ち上がる。

僕はお上人が誘導するままに、線香に火をつけた。

「それではお戻り下さい。はい、お疲れ様です。お祓いは以上でございます」

僕は座布団の上に戻り、お祓いを受けていた間を振り返る。

苦しかったり辛かったり痛かったり退屈だったり——そんなことは一切なかった。

お祓いを受けている時の感覚として、終始、心地良かったのだ。

例えるならば好きな音楽を聴きながらまどろんでいるような感覚に近かった。

「あの、結局、僕って何が憑いてたんですか？」

ストレートな質問をぶつけてみた。

「うーん。正直な話、あれがなんだったのかは私にはわからないんですけど、お祓いの最中っていろいろなことが起こるんです。匠平さんのお祓い中に起きた出来事は、私にとっても初めての体験だったんですけど、匠平さんの体からタールみたいな真っ黒い液体の塊が出てきて、それが匠平さんを中心にこの部屋一面に広がったんです。最初は錯覚かなと思ったんですけど、その黒い塊が徐々に私の方に集まってきて、体をよじ上ろうとするんですね。そして、腰から下が水の中にいるかのように冷たくなりました」

僕が想像していたものとはだいぶかけ離れた返答だった。

死霊、生霊とかではなく真っ黒い液体が憑いていたということなのだろうか。

そこに、空間の浄化を終えた三浦さんが僕に質問する。

「匠平さん、最近田舎に行った？」

「田舎かぁ。今年は一月から地方に行く機会が多くて。田舎ではないけど登別《のぼりべつ》とか旭川とか釧路とか、色々行ってますね。道中田舎はめちゃくちゃ通ったと思うよ」

「そっかぁ。あのね、匠平さんには野生動物の霊が憑いていたんだよね。動物に対してのお経をお上人が上げ始めたら、匠平さんの合掌している手の指の間が開き始めたの。それ以外のお経では一切反応しなかったんだ。それで匠平さんの中に入っているのは動物霊ってわかったの。どこから連れてきたのか場所まではわからないけど、罠に引っかかったのか、すごい苦しんで死んでしまった野生動物だと思う」

登別に行く途中に見た鹿の群れと、釧路から帰る途中に見かけた鹿と狸っぽい動物を思い出す。

「それでね、野生動物ってすごく純粋だから優しくもあるけど、残酷でもあるの。それにね、野生動物ってどんな姿かたちにも化けることができるんだよね。狸とか狐って化けるっていうでしょ？　だから、お上人の言っていた真っ黒い液体は化ける前の野生動物の霊の姿なの。しかも、匠平さんみたいに何かを演じる人に憑くと、野生動物の霊は匠平さんから学んでさらに賢く化けるようになるの。動物霊はどんどん強く賢くなるから、今の段階で祓えて本当に良かったよ」

霊感のない僕にとってはわからないことばかりだが、僕のために時間を作り、汗をかいてお祓いをしてくれた二人に心から感謝をし、三浦さん宅を後にした。

お祓いから三日経過した。

お祓いのおかげなのかはわからないが、施術にも行っていないのに首と肩の筋肉が弛《し》緩《かん》し首の可動域が大幅に広がり、飼っている二頭の犬たちが今まで以上に僕にじゃれつき、一緒に眠りたがるようになった。

僕もぐっすり眠れた。二ヶ月ほど前から不眠症で悩んでいたのが、嘘のようだ。

プラシーボ効果かもしれない。しかし、こんな仕事をしているのだ。

これはお祓いのおかげだと思う。

これからは「人」だけではなく「霊」のためにも怪談をしていくことに僕は決めた。

だって、そっちのほうが「ロマン」があるから。

体調不良の原因

僕の主宰する怪談イベントの常連のお客さんである関口さんが、今から十年以上前に親戚から聞かされたという、父方の実家にまつわる話だ。

関口さんのお父さんの実家は小樽にあり、かなり大きな家だったそうだが、関口さんの父の両親、関口さんの父の弟（三男）の夫婦、その一人娘が暮らしていた。

しかし、老衰によって両親が相次いで亡くなり、家では弟の家族が暮らしていたが、弟も突然、病気で急死してしまった。

弟の葬式の喪主を奥さんが務め、四十九日も終わり、ひと段落したある日のことだ。

弟の奥さんから、関口家の親戚たちに相談があった。

「残された自分たち二人にはあの大きな家は逆に不便、だから出て行きます。そして、関口家の直系ではないので、仏壇や神棚の管理などはできないから本家でやってください」とのことだった。

次男の父親を含めた親族たちと話し合った結果、長男の家に本家の仏壇を置くのが一番良いだろうということで話は落ち着き、誰も住まなくなった家は取り壊すことになった。

後日、話し合い通り、本家の仏壇と神棚は長男の家に移された。

しかし、仏壇と神棚を家に置いてから長男はみるみる体調を崩していき、入退院を繰り返すようになった。

やがて、仏壇と神棚を家に置いてから一年も経たないうちに退院することができなくなり、半年以内に亡くなる可能性がある状態だと病院側から言われるほどに衰弱してしまった。

親族たちに広がったその話は、関口さんの家にも入ってきた。

すると母親が「たぶん仏壇か——叔父さんの家に問題があると思う」と言いだした。

実は関口さんの母親にはとても強い霊感があり、昔から勘が鋭いところがあったのだ。

「母さん、なんでそう思うの？」

関口さんが聞いてみると、母親は関口さんのことを真っ直ぐ見つめる。

「なんとなくだよ。多分だけど仏壇が叔父さんの家じゃなくて、別のところに行きたいんじゃないのかな？　それを伝えるために、叔父さんに嫌がらせっていうのか意地悪をしているんだと思う」

それから数日後、実家が取り壊された。

それと同時期、叔父さんの容態はさらに悪化し、病院からは「意識がある今のうちに会わせたい人に会わせてあげてください」と言われていた。


このままでは叔父さんが本当に亡くなってしまう。

関口さんのお母さんは自分の感覚を信じ、ダメ元で、当時札幌で有名だった南区にいる霊能者に相談に行った。

関口さんのお母さんが、実家のことや仏壇のこと、叔父さんのことを霊能者に伝えると、霊能者は深く頷き話し始めた。

「壊した実家の敷地内に龍神様がいます。その龍神様が粗末に扱われていることに怒って、本家の仏壇と神棚を引き取った長男をそのような状態にしてしまったのだと思われます」

いくら霊感の強い関口さんのお母さんといえども、霊能者の口から龍神といった神様が出てくるとは思っていなかったので、疑いの気持ちが芽生えた。

「その龍神様は実家の敷地のどのあたりにいるのですか？」

そう訊くと、霊媒師は目を軽くつぶって顎を少し上に上げた。

そして、すぐに目を開けると話し出した。

「もう更地になっているからどのあたりかと言うのは説明しづらいですけど、敷地内に小さい柱が立つほどに水が湧《わ》いている場所があります。そこに龍神様がいますよ。そこで、龍神様に許してもらえるように謝ってください」

関口さんのお母さんは霊能者の家を後にすると、その足で真っ直ぐ小樽の実家に向かった。

建屋はもうないが土地は関口家所有のままになっているため、敷地内に車を停めた。

（一体どこに湧水《ゆうすい》が？）

車から降り、聞き耳を立てながらあたりを見渡した。

微かに水の音が聞こえる。

（あっ、こっちから水の音がする）

音のする方に歩いて行く。

すると、霊能者の言った通り、十センチほどの小さな柱が立つ程度に湧き出る水を見つけた。

本当にあったことに驚きつつも、関口さんのお母さんはすぐにその場に正座し、手を合わせる。

（はじめまして。私はこの家に嫁いできた者です。今まで雑に扱ってすみませんでした。これからはしっかりと祀らせていただきます。ですから、叔父さんを許してあげてください）

それから毎日、関口さんのお母さんはここにやって来ては湧水に手を合わせ、お祈りと謝罪を繰り返した。

偶然かもしれない。たまたまお祈りと謝罪に行くようになったタイミングと重なっただけかもしれないが、この日を境に叔父さんの体調はみるみる回復しだした。

関口さんのお母さんがお祈りと謝罪を始めて十日足らずで、年内には亡くなるだろうと言われていた状態から、退院の目処が立つほどに回復したのだ。

回復したという連絡を受けた後、関口さんとお母さんが家で「これは本当に霊能者さんの言う通りで龍神様が怒っていたのかもね」と話していると、

「あっ！　そういえば！」

父親が突然、大きな声を出して話に割り込んできた。

「あのさ、俺の母親だからお前からしたら祖母ちゃんだけど、龍神様のことを信仰してたわ。だから、もしかしたら今まで祖母ちゃんが色々と龍神様のことやっていたけど、死んだ後は何も出来ないだろ？　それで雑に扱われたって思った龍神様が怒って兄貴を痛めつけたのは本当かもな」

その後、叔父さんは無事に退院したそうだ。


この出来事から約十年後だ。

関口さんは俺と仲良くしているだけあって怪談好きであり、イベント以外にもＹｏｕＴｕｂｅやテレビでも怪談コンテンツを好んで観ているそうだ。

その日、俺も何度か出演させていただいている怪談番組で、まさに俺が出演した回を関口さんは自宅で見ていたという。

その放送回では、演者全員が蛇や龍神に纏《まつ》わるものを身に付けており、全員で蛇や龍神に纏わる怪談を大いに語り合い、収録現場もとても盛り上がったのを覚えている。

関口さんは、

「誰の話だったか忘れちゃったけど、蛇が龍神になるための修行で海沿いに百年、家の下で百年を過ごすことができたら龍神になれる。でも、もし家の下で百年過ごす途中で、その家に住む人に姿を見られたら、その蛇は家の守り神になる。みたいな話をしてるのを観た」

と言い、感心しつつ番組の続きを観ていたが、これをきっかけに幼少期当時の記憶が蘇ってきたという。

「あのね、祖母ちゃんね。白蛇様を見たことがあるんだよ」

どんな状況だったのかまでは思い出せないが、祖母から関口さんはそう言われたことがあったのだ。

当時は子供だったこともあり「そんな蛇いないよー!」と、祖母に言い返したことまで思い出した。

「もしかしたら祖母ちゃんって、龍神様になるための修行中だった蛇を見つけたことがあるんじゃないかって思うんだよ。それで、祖母ちゃんに見つかった白蛇があの家の守り神としての龍神様になったのに、祖母ちゃんが亡くなって家を取り壊してしまった。だから、粗末に扱われたからって怒ったんじゃないかなって俺は思っているんだよね」

あとがきにかえて

「幽霊とかそういうのではなくて、たぶん夢だと思うんです。もしかしたら怖くないかもしれないですし、話も短いんですけど……」

「全然大丈夫です！　怖い話を求めてるんじゃなくて『あなたが不思議と感じた物語』を聞かせて欲しいんです」

「なんかグッとハードル下がった感じがします。あの、俺が小学四年生の時の話なんですけど、学校で『呪い回し』っていうのが流行ったんですよ」

「呪い回し……初めて聞く言葉ですね。どこの小学校に通っていたんですか？」

「〇区の〇〇小学校に通っていました」

「あー、〇〇小学校。創立百年くらいの古い学校だから『呪い回し』って言葉が妙にしっくりきますね。それで『呪い回し』というのが流行ってて？」

「匠平さん、よく○○小学校のこと知っていましたね。その小学校に当時、図工室に女の子の絵が飾ってあったんですよ。何十年も前に生徒が描いたと言われていたんですが、その絵を〝触る〟と呪われるというんです」

「小学生が好きそうですね」

「呪われたら、絵に描かれているその女の子が夜中に部屋に来て、抱き締められると絵の中に一緒に閉じ込められてしまう――でも、例えば絵を触っても二十四時間以内に違う人がその絵に触るか、触った手で二人以上に『呪い回し』と言いながら誰かの体の一部を触ったら、呪いは触られた人に移るんです。これが流行ったんですよ」

「不幸の手紙の遠い親戚みたいな話ですね。ちなみに、どんな女の子の絵なんですか？」

「確かポニーテールの女の子で、笑顔で振り向いている絵でした」

「へー！　ということは、怖いって印象の絵ではないってことですか？」

「そうですね。でも、なんとなく気持ち悪かった記憶はありますね。それである日、俺の好きな女の子が『呪い回し』されて、怖がって泣いちゃったんですよ。俺、その子に良いところ見せたかったから、『俺に呪い回しして良いよ』と言ってあげたら、その子が泣きながらお礼を言って、俺に『呪い回し』したんです――」

彼には歳の離れた高校生の兄と姉がいてマセガキだったこともあり、そんな話を信じてはいなかった。しかし、その夜のこと。

いつもは兄の部屋に布団を敷いて一緒に寝ていた彼だったが、その夜は修学旅行で兄は不在だった。一人、兄のベッドに寝ていたら、夜中に尿意を催して目が覚めた。

部屋から出て、廊下の突き当たりにあるトイレに向かおうとすると、目の前に人影が見える。(髪の毛が長いから姉貴かな?)と思ってよく見たら違った。

図工室に飾られているあの絵の女の子だ。

背中を向けていたのだけれど、彼にはすぐわかった。

「うわっ!」と声を出した途端、その女の子が振り返った。それがまさに、その絵のまんまで、恐怖にすくみ上った彼が我に返った時には、兄のベッドの上にいた――。

「オネショをしていたんですよ。怖い夢を見た上にオネショしたとか最悪じゃないですか。しかも小学四年生ですからね。だけど、隠し通すことはできないから、母ちゃんに正直に話していたら、姉貴がリビングに入ってきて言うんですよ。昨日の夜中、廊下で大声出して騒いでたみたいだけど、なんかあったの? って」

「え? なら、夢じゃないんじゃないですか?」

「いやー、夢だと思いますよ。だってベッドの上でオネショしてますから」

「だけどお姉さんに、夜中に廊下で何騒いでたの？　と訊かれたんですよね？」

「えー、いやまぁ、そこは現実なんですけど、なんか自分が幽霊見えるなんて思っていないですし、夢だって思ってたんですけど、夢じゃないんですかね？」

「真相は俺にもわからないですけど、話を聞く限りでは現実だと思いますけどね。それで相談なんですけど、この話って俺が預かることってできますか？」

「あ、全然いいですよ」

「ありがとうございます！　ちなみに場所は札幌ってことは言っても大丈夫です？」

「それは大丈夫です」

「本に書く可能性もあるんですけど、それも大丈夫ですか？　名前は伏せますが」

「本に書いてくれるんですか？　大丈夫ですが、できれば名前は伏せて欲しいです」

「わかりました。名前は仮名とかにします。それでは○○さんの人生の一部を、今後は語らせていただきます。——あの、許可をいただいたんで、もうちょい細かいところを訊いていいですか？」

怪談師と名乗るようになってから、俺の日常にこのようなやりとりが追加された。

もともと俺は【怪談ライブバー スリラーナイト】という、一時間に一度、十五分間の怪談ライブを観ることができるバーで十年間、専属の怪談師として働いていた。

スリラーナイトのルールとして「同じ話を同じお客様に話してはいけない」というものがある。これをクリアするためには、怪談収集を【日常】にするしかなかった。

更にここでもう一つ問題がある。それは【十五分間】の怪談ライブ。

本書を手に取ってくださったということは、きっと「あなた」は怪談が好き。少なからず興味はあるのだろう。だからこそ思い出してみてほしい。

例えば友達から「幽霊見たかもしれない」という話を聞かされたとしても、きっと一、二分くらい。長くても五分は掛からないだろう。

でも、スリラーナイトのステージは十五分あるのだ。

聞いたものをそのまま話すと全然時間が足りない。更にはお客様からお金を頂戴して怪談を披露するため、ショーステージとして成立させなければならない。

それならどうするのか？　答えは単純明快である。気になったことを質問しまくり、情報を引き出す。その体験はいつ頃したのか。場所はどこで誰と体験したのか。その時にどんな会話をし、どんなことを感じて、どのように思ったのか。

他にも直接話には関係なくても、当時どのような物が流行っていたか。体験者は何が好きで、何が嫌いだったか。趣味はあるのか。他にもまだまだあるが、最低限このくらい質問しないと十五分間の怪談にはならないのだ。

しかし、こんな生活を何年も繰り返し、俺の日常に【怪談収集】と【うるさいくらいの取材】が馴染んできた頃、不思議な現象が起こるようになった。

今まではお客さんや友達や知り合いに、片っ端から訊いてまわり、自ら怪談収集をしに行っていたのに、いつの間にか怪談や怪異談が自然と集まってくるようになったのだ。

「○○から匠平さんなら真剣に聞いてくれるよって言われて」

「匠平さんが好きそうな話を持ってきました！」

「え？　お客さん、怪談でご飯食べてるの？　それなら聞いて欲しい話があるんだけど」

「匠平さんに話して欲しくて会いにきました」

そんな方々の協力により、今回も新たに単著を発売することができた。

今回のタイトルは「北縁怪談　札幌魔界編」である。

どういうこと？　と思った方もいるだろう。ここだけの話、俺も自分で思った。札幌魔界編って何？　って。しかし、すべてを書き終えて改めてタイトルを見てみると、これが不思議なもんで、しっくりくるものなのだ。

　昨今の状況により、遠方に取材に行けなくなり、今回は札幌市内のみで怪談収集及び取材を行った。いくら怪談や怪異談が自然と集まるようになってきたとは言っても、動きが制限されていると収集するのは大変かもなと予想をしていた。しかし、未だかつてないスピードで話が集まってきたのだ。

　しかも、話の提供者同士が繫がっていることはないはずなのだが、同じ時に同じ場所で過ごしていたのではないかと思わせるような話や、世代は違うが体験した現場が一緒、もしくはとても近いというような話が多かった印象を受けた。

　そして今回の収録された話のほとんどが札幌市内の話なのだ。……ね？　なんか札幌魔界編しっくりきたでしょ？

　また【北縁】にちなんで、俺が生まれ育った北海道に更なる縁を紡いでいきたいという願いを込め、あえて二話だけ、北海道外の話を収録させてもらった。

　数冊単著を書かせていただいているから、あとがきの最後にお礼を述べるのも定番になってきている。普段は恥ずかしくてお礼を言えない相手が数人いるため、今回もこの場でお礼させてください。

怪談業界の尊敬する先輩や後輩の活躍を見させてもらっているお陰で「自分も面白くあろう」とサボらずに活動できています。

もう俺は退職してしまったけど、スリラーナイトのみんなが変わらずに遊んでくれるから、しんどい時を乗り越えることができます。

俺のYouTubeチャンネルを運営してくれている二人がいるから、退職しても俺は怪談師を続けられています。

ファンのみんなが「匠平の怪談が好きだ」って言ってくれるから、自分の怪談を大好きでいることができます。

担当編集の中西さんには甘えに甘え、迷惑を掛け続けてしまいましたが、俺を上手にコントロールしてくれたから、今回も書き終えることができました。

みんな、いつも本当に本当にありがとう。

一人でも欠けてしまっていたら今の俺はなかったです。

そして現在、この本を読んでくださっている「あなた」。数ある怪談本の中から本書を手に取っていただき誠にありがとうございます。あなたと私はもしかしたら一生交わることのない人生を歩んでいたのかもしれません。

しかし今この瞬間。些細ではありますがあなたと私の人生がほんの少しだけ触れ合いました。もしかすると近々実際にお会いして、あなたの不思議な物語の取材をさせていただくこともあるかもしれません。

怪談が繋いでくれた不思議な【縁】がどのように発展していくのか今から楽しみです。

二〇二二年　匠平

北縁怪談 札幌魔界編

2022年5月7日　初版第1刷発行

著者……………………………………………………………………………… 匠平
デザイン・DTP …………………………………………… 荻窪裕司(design clopper)
編集…………………………………………………………………………… Studio DARA

発行人……………………………………………………………………… 後藤明信
発行所……………………………………………………………… 株式会社 竹書房
〒102-0075　東京都千代田区三番町８－１　三番町東急ビル６F
email：info@takeshobo.co.jp
http：//www.takeshobo.co.jp
印刷所……………………………………………………… 中央精版印刷株式会社